AF388730

TRAITÉ

DE L'USAGE.

DU LAIT.

Par B. MARTIN, *Apoticaire du Corps de S. A^e S^{me} Monseigneur le Prince.*

A PARIS,

Chez DENYS THIERRY, ruë S. Jacques, devant la ruë du Plâtre, à la Ville de Paris.

M. DC. LXXXIV.

Avec Permiſſion & Approbation.

A SON ALTESSE

SERENISSIME MONSEIGNEUR

LE PRINCE.

ONSEIGNEUR,

Je ne feray point icy com-
me la pluspart de ceux
qui dedient leurs Livres,
lesquels ne manquent pres-

EPISTRE.

que jamais, quelques matieres qu'ils traitent dans leurs
Ouvrages, d'en prendre occasion pour faire au long dans
leurs Epiſtres, l'Hiſtoire &
l'Eloge de leurs Protecteurs:
Mais que pourroit avoir de
commun l'Uſage du Lait,
donc je traite icy, avec les
fameuſes journées de Rocroy,
de Fribourg, de Norlingue,
de Lens, de Sneſſe, & de
tant d'autres actions glo-
rieuſes qui élevent autant
VOSTRE ALTESSE SERENISSIME,
au deſſus des plus grands
Princes, que ſa naiſſance au-
guſte l'éleve au deſſus du com-

EPISTRE.

mun des hommes. Je me contenteray donc en luy presen-
tant cette partie de mon estu-
de, de reverer sa gloire par
mon silence, & de n'ouvrir
la bouche que pour la remer-
cier de toutes les bontés dont
elle m'a comblé depuis quinze
ans, que j'ay l'honneur d'être
à son service. J'ose mesme es-
perer qu'elle ne dédaignera
pas de donner un moment d'attention aux Observations que
j'ay faites sur un aliment, dont
l'usage luy a épargné beaucoup de douleurs, & auquel
on doit en partie la conservation de cette precieuse santé

EPISTRE.

*si chere à toute la France.
Ie fais continuellement des
Vœux à Dieu, afin que la
continuation de ce mesme
Aliment luy soit toûjours fa-
vorable. Je suis avec un tres-
grand zele & un tres profond
respect,*

MONSEIGNEVR,

De voftre Alteffe Sereniffime

Le tres-humble, tres-obeïffant &
tres-fidelle ferviteur MARTIN.

AVERTISSEMENT.

L'Usage du Lait estant devenu plus familier qu'il n'estoit autrefois par les avantages que plusieurs personnes de qualité en ont receu pour la conservation de leur santé, fait que beaucoup d'autres touchés du mesme desir, sont tous les jours à s'enquerir de la methode qu'ils observent pour ne pas faillir dans le dessein qu'ils ont de les imiter : Et comme je suis l'un de ceux le plus questionné là-dessus pour estre à un grand Prince, lequel en fait sa principale nourriture, afin d'éviter cet embaras qui bien souvent me détourne de mes autres occupations, j'ay crû

AVERTISSEMENT.

ne pouvoir trouver un plus hon-
nefte moyen qu'en faifant ce petit
Traité, qui mefme ne fera pas
inutile au Public : car il y a beaucoup de gens lefquels font defti-
tués du fecours des Medecins
pour les conduire dans de femblables occafions, & qui peuvent en
cela avoir un fouverain remede
pour les maux qui les fatiguent,
& que tous les autres n'ont fceu
guerir. Mais pour apporter un ordre à cet Ouvrage, je feray voir
les idées que les Anciens & les
Modernes ont eu fur fa generation, je pafferay en fuite à l'analy-
fe de ce mixte pour en tirer des
confequences favorables de tout
ce qui le compofe, & comme il y
a differens Laits, lefquels par confequent produifent differens effets,
je les diftin gueray autant que j'en

AVERTISSEMENT.

ay de connoiſſance. Je parleray
du choix qu'il en faut faire, des
précautions qu'on doit obſerver
avant que d'en uſer, de quelle
maniere on ſe conduira, lors
qu'on le voudra prendre, des
choſes qui ſympatiſent avec ſes
qualités, de celles dont il eſt neceſſaire de s'abſtenir, des temps
qu'on eſt obligé de le quitter, &
de ceux dans leſquels on peut le
reprendre, des ſaiſons les plus
avantageuſes pour cet effet, des
Remedes uſités pour empêcher
qu'il ne ſe corrompe, & finalement pourquoy il eſt bon à pluſieurs maladies, avec quelques
Reflexions ſur ce ſujet.

*Approbation de Messieurs les Doyen &
Docteurs Regens, en la Faculté
de Medecine de Paris.*

NOus avons lû avec beaucoup de
plaisir *le Traité de l'usage du
Lait*, fait par Monsieur Martin, Apo-
tiquaire du Corps de S. A. S. Monseigneur le Prince ; c'est un Livre tout
plein de bon sens, soûtenu par plusieurs experiences tres-curieuses : enfin
conforme aux veritables principes de
Physique : c'est pourquoy nous sou-
haittons qu'il soit imprimé incessament,
& que le Public jouïsse du travail &
des Reflexions de son Auteur. Fait
à Paris, ce 17. Decembre 1683.

Signé DIEUNIVOYE,
Doyen.

DE SAINTYON.   CRESSE.

BONNET.

TABLE

DES CHAPITRES
de ce Traité.

Table des Chapitres.

Fin de la Table des Chapitres.

TRAITE'

TRAITÉ
DE L'USAGE
DU LAIT.

CHAPITRE PREMIER.

Des opinions differentes sur la generation du Lait.

PUISQUE c'est une im-
prudence de se servir
des Remedes qu'on ne
connoist pas ; j'ay creu
devoir commencer ce Traitté en
rapportant les differentes idées
que l'on a sur la generation du

A

Lait dans les corps des Animaux avant que de parler de son utilité, & des choses qui en dépendent, bien que ce soit la principale partie de mon dessein, & lorsque je me les suis representées, je ne puis m'empescher de dire à la confusion de l'esprit de l'Homme, qu'il est tellement borné touchant les veritables secrets de la nature, que toutes les recherches qui en ont esté faites, ne font que des ombres de la verité, sur lesquelles on ne peut rien establir de réel.

Dépoüillé des presomptions dont beaucoup d'autres se facinent les yeux, je ne me suis pas contenté de sçavoir tout ce que les Anciens & les Modernes ont dit : j'ay cherché exactement & inutilement avec de bons & fidelles Anatomistes, si je pourrois découvrir quelque chose qui pût satisfaire ma curiosité, & si je trouverois des canaux qui conduisent le Chyle dans les mamelles comme quelques uns pretendent, si du Tetin par où sort le Lait il y auroit quelque espece de conduitte soit dans le canal Thorachique ou ailleurs, je me suis entretenu avec les plus entendus du siecle sur ce sujet pour m'éclaircir des doutes où l'on est encore, mais me voyant suspendu entre cette multiplicité d'opinions sans pouvoir y faire un fondement solide: je me contenteray d'en écrire quelques-unes pour suivre celles qui sont les plus probables & qui semblent approcher le plus de ce que le bon sens peut conjecturer.

Avant que de venir à ce recit,

je diray comme il eſt definy par
nos vieux Maiſtres de l'Ecolle qui
conviennent entre eux que le Lait
ſe fait du ſang le plus exalté blan-
chy dans les mamelles , & l'ont
appellé un aliment parfait,& l'ex-
crement d'une bonne nourriture,
la premiere nutrition qui ſe fait
de l'alteration du ſang de l'animal femelle & pluſieurs autres
ſemblables façons de s'énoncer,
mais ils ne ſont pas uniformes
dans leurs ſentimens ſur les endroits par leſquels il paſſe pour
venir ſe perfectionner dans les
mamelles.

Quelques-uns ont creu avoir
beaucoup fait de l'avoir compris
comme un ſang parfaitement digeré & diſtinct de la corruption,
qui acquiert ſa blancheur dans les
parties les plus froides des Ani-

maux deſtinés à cet uſage, que le
ſang eſt porté dans les mamelles
par la veine épigaſtrique & par la
mammaire, avec laquelle elle a
anaſtomoſe pour ſe rarefier & y
acquerir cette couleur blanche
telle que nous l'appercevons; on
allegue que cela ſe fait comme la
ſemence ſe forme du ſang dans
les parties qui ſervent à la generation, ce qui a donné lieu à cette
opinion, c'eſt que dans le temps
que les Femmes ont leurs évacuations lunaires le ſang monte à
leurs mamelles comme il a déja
eſté dit; ce qui ſemble encore fa-
voriſer cette penſée, c'eſt qu'on
pretend avoir veu pluſieurs Femmes rendre du ſang par les mamelles ſoit pour avoir eſté trop
tirées par les enfans qu'elles allai-
toient ou pour d'autres raiſons

A iij

qui ne pourroient fervir que d'amplification à ce difcours.

Mais comme je n'ay pas deffein d'abufer de la patience du Lecteur, on pourroit dire que ces Meffieurs n'ont pas efté bien fondés dans leurs pretentions, & n'ont pas eu une connoiffance auffi eftenduë de l'anatomie que nos Modernes: ces deffenfeurs de la circulation ont recherché avec plus d'exactitude ce qui fe paffoit dans l'économie du corps humain, car cette veine mammaire ne va point aux mamelles & l'on peut dire la mefme chofe de l'anaftomofe, qu'ils ont pretendu eftre de la mammaire à l'épigaftrique comme ils fe le font imaginé, mais à la partie interieure du fternum, & fi le fang eftoit la matiere du Lait, il s'y trouveroit beaucoup de chofes qui ne s'y rencontrent pas.

Il est ce me semble plus évident qu'il se fait du chyle comme ceux-cy en sont persuadés, & suivant cela on peut dire que le ventricule est la cause efficiente du Lait, puisqu'il change les alimens en chyle, & comme le chyle retient absolument les qualités de ses alimens comme fait le Lait, il suffiroit de cette verité pour n'en pas douter, c'est ce qu'on ne voit point ny qui ne se fait point connoistre dans le sang, j'en ay assés veu d'experiences pour en parler dans la suitte de ce discours & pour assurer que la difference des alimens fait la difference des Laits ; je suis dans un lieu où nous avons observé ces choses avec beaucoup d'attention, & j'ay remarqué plusieurs fois dans le grand nombre des nourrices que j'ay veu, que quelque rapport qu'il y ait de leur temperament les unes aux autres, celles qui sont dereglées dans leur appetit, ne fournissoient pas de si bon Lait que celles qui vivent avec plus de moderation, & bien qu'elles semblent avoir toutes les perfections requises, la pluspart laissent écouler du sang, & quelques unes aussi reglement que si elles n'avoient point de Lait, ce qui s'oppose encore à l'opinion des Anciens.

Si le Lait estoit fait du sang à la quantité que certaines Nourrices sont obligées d'en donner tous les jours à leurs enfans, on les verroit bien tost tomber dans une seicheresse qui les conduiroit à plusieurs maladies, lesquelles leur causeroient la mort.

Plusieurs Autheurs dignes de foy disent qu'il y a des Hommes lesquels ont assés de Lait aux mamelles pour nourrir un enfant, ce qui prouve que ce n'est pas la supression des ordinaires qui fait que les Femmes en ont lorsqu'elles sont nourrices, & il n'y a personne si peu éclairé qui ne sçache que le Lait retient le goust & l'odeur des choses dont sont nourris les Animaux, car si les vaches paissent de l'ail, ou de la violette, le beurre qui sera fait de leur lait ne manquera pas de la sentir : c'est pourquoy on estime beaucoup plus le lait du mois de May, & tout ce qui s'en peut faire que celuy des autres saisons, & il n'est pas mal aisé de deviner que c'est à cause des bonnes herbes qu'elles broutent en ce

temps, c'eſt encore un ſigne évident que le Lait ſe fait du chyle,
& non pas du ſang : mais ſi quelqu'un en veut eſtre perſuadé par
un plus grand nombre de preu-
ves, il peut lire le diſcours qu'en
a fait Monſieur de Chaillou Do-
cteur en Medecine, dans ſon
Traitté des Recherches du mouvement du cœur, où l'on verra les
objections & les réponces qui
peuvent eſtre faites ſur ce ſujet.

Bien qu'il y ait beaucoup d'apparence que le Lait ſoit fait du
chyle, il ſeroit à ſouhaitter d'a-
voir découvert le chemin qu'il
prend pour aller aux mamelles,
afin de ne laiſſer aucune conteſta-
tion là-deſſus : je l'ay ſuivy autant
que j'ay pû, mais dés que je viens
à la veine ſouſclaviere, je le perds
& il ſe confond avec le ſang, &

pour tâcher à découvrir comme
se fait ce mélange, & si ces deux
substances s'incorporent à l'in-
stant, j'ay fait tirer de deux Animaux vivans du chyle, & du sang,
qui ont esté mis l'un avec l'autre
dans un mesme vaisseau sans les
agiter & sans perdre de temps, où
j'ay connu qu'ils ne se méloient
que tres lentement de cette maniere, mais on peut croire qu'é-
tant tirés de leurs sources, & des-
titués d'une partie de la chaleur
que les esprits leur envoyent in-
cessamment par leur mouvement,
ce n'est pas la mesme chose, parce
que la plufpart des operations que
la nature fait de soy sont inimita-
bles, aussi ay-je voulu faire cet
essay pour voir si le chyle circuloit
distinctement avec le sang comme quelques-uns l'ont assuré.

Il y en a mesme lesquels ont avancé, qu'ayant ouvert la carotide ils en ont veu couler le sang & le chyle feparement, mais il faut qu'ils ayent eu les organes de la veuë autrement difposés que moy, & ceux avec lesquels j'en ay fait l'épreuve.

Monfieur Lamy dans fon Explication mechanique & Phyfique des fonctions de l'ame fenfitive, dit bien que le chyle fe meflant avec le fang ne peut fe perfectionner en fi peu de temps, qu'il féjourne dans les cavités du cœur qu'il n'ait befoin de plufieurs retours & de contours avant que d'eftre un fang parfait, & qu'ainfi on pourroit dire, que le chyle circule avec le fang, & peut couler par les arteres dans les mamelles qui s'y trouvent en affés grand nombre,

& s'y rarefie de maniere que nous voyons le Lait, mais ce ne sont que des conjectures qu'il ne debite pas pour des choses certaines, puisqu'on ne peut en parler de meilleure foy ni avec plus d'esprit & de modestie.

Il est pourtant vrai, supposé que le chyle soit la matiere du Lait, comme il y a toute apparence, qu'il est de necessité qu'il y ait quelques canaux qui le conduisent aux mamelles, lesquels pourroient estre connus avec le temps & qui jusques-icy peuvent avoir esté confondus avec d'autres parties assés imperceptibles pour n'avoir pas été découverts par nos Anatomistes, & ce qui me le pourroit faire concevoir, c'est que je connois des Femmes qui n'étant ni grosses, ni nourrices, mais qui ont alaitté plusieurs enfans, avoir toûjours certaine quantité de lait qui ne tarit point, cela presuppose, que les conduits du chyle aux mamelles estant plus élargis & dilatés à ces personnes, il leur en échappe plus facilement qu'aux autres par l'habitude que s'en est fait la nature lorsqu'elles nourrissoient.

Quelques-uns diront peut-estre que cela vient par une grande abondance de sang ou de chyle, mais j'ay remarqué qu'elles mangent plus d'un tiers moins qu'elles ne faisoient estant nourrices, & il me semble que c'est encore une preuve que le lait ne se fait pas du sang comme l'ont conjecturé les Anciens. De maniere que sans une plus longue explication, on peut definir le lait une liqueur

blanche qui se rarefie dans les mamelles. Mais avant que de finir ce
Chapitre, qu'il me soit permis de
faire une reflexion , sur ce que
nous voyons souvent un lait
fort sereux à plusieurs Nourrices, ce qui pourroit faire soup-
çonner que c'est la partie la plus
subtile du chyle qui n'a pas encore acquis toute la perfection qui
luy est necessaire pour estre un
bon lait, soit par le defaut du
temps ou de la personne , & que
la nature ayant fait une separation
de ce chyle, le conduit par je ne
sçai quels endroits cachés à nos
sens, & que l'autre plus grossiere
se confond avec le sang , car le
chyle est ordinairement plus
blanc,& a plus de consistance que
ce lait sereux dont je parle, cela
estant,la serosité ou les esprits du

chyle peuvent avoir des paſſages plus eſtroits , & peuvent mieux couler que le chyle ; voila ce qui me perſuaderoit qu'il peut y avoir certains canaux imperceptibles deſtinés à cet uſage.

Je ſçai bien qu'on peut m'objecter que toutes les Nourrices ne donnent pas du lait d'une ſemblable conſiſtance , & que meſme il y en a de trop épais , que cela n'arrive qu'à celles qui ſont valetudinaires , échauffées & d'un temperament fort bilieux , mais on peut répondre que cela ne vient que du plus ou du moins de coction qu'il acquiert dans les mamelles ; je ne dis pas que ces accidens n'y puiſſent contribuer , cependant on apperçoit dans celleslà comme dans les autres aprés que leurs enfans les ont beaucoup

tettées

tettées & qu'on les veut examiner, une serosité trouble qui n'a
ni la blancheur, ni la consistance
d'un bon lait, marque infaillible
qu'il se fait une coction considerable dans les mamelles pour rendre le lait de la maniere qu'il est
à souhaitter, & que sa matiere
pourroit n'estre pas le chyle en
toutes ses parties par les raisons
que je viens d'établir, que le voisi-
nage du cœur avec ses glandes &
toutes les ramifications des veines & arteres qui s'y communi-
quent peuvent bien nous laisser
des idées pour conjecturer ce que
j'en ai dit, mais aprés avoir con-
sideré la generation du lait, il faut
l'examiner avec plus de certitude
dans ses trois substances, & en
tirer tous les avantages que nous
pourrons pour la santé de nos

corps sujets à plusieurs maladies où il est convenable.

CHAPITRE II.

Du Beurre.

JE croi que peu de gens igno-rent que le Lait se divise ordi-nairement en trois substances, sçavoir le Beurre, le Fromage, ou caillé & ce qui s'appelle petit lait, ou lait clair, c'est à mon avis l'analyse la plus naturelle qu'on en puisse faire, sans emprun-ter les secours du feu qui détruit les matieres & nous oste les moyens de connoistre veritable-ment ce qu'elles contiennent, comme l'Auteur de toutes choses nous les a données.

Ce n'eſt pas que je pretende blâmer ceux qui s'en ſervent, puis qu'ils peuvent avoir des lumieres que je n'ai point , mais eſtant inſenſiblement tombé ſur ce ſujet je ne puis m'empécher de dire que je n'ai trouvé perſonne qui parle de meilleure foy ſur ces ſortes de recherches que Monſieur l'Abbé Mariotte de l'Academie Royale dans ſon Traitté de la vegetation des plantes, qu'il a depuis quelque temps donné au public, & pour reprendre mon diſcours touchant les ſubſtances du Lait, je dirai que m'eſtant toûjours attaché à connoiſtre les choſes ſimplement , je puis ſans m'oppoſer à la commmune opinion des Philoſophes & des Phyſiciens ſoûtenir cette analyſe, rapportant le beurre au ſouffre qui eſt dans les composés, le petit lait à l'esprit que l'on comprend sous le nom du mercure, & le fromage à la partie saline, qui sont les trois principes actifs admis dans tous les mixtes dans nos anciens Chymistes, & que les Modernes reduisent à deux, lesquels sont les sels acides & les sels alkalis, comme je le ferai voir plus particulierement sur la fin de ce Traitté.

Il seroit inutile de vouloir faire ici la description de la maniere dont on fait le beurre, puisque la plus simple Villageoise ne l'ignore pas. Il suffira de dire quelque chose de ses vertus, car il est huilleux & remolitif, il lâche mediocrement le ventre, à l'égard des playes & des blessures il est mundificatif, il les remplit & les cicatrise, on s'en sert à mettre dans

les clisteres pour le flux de sang &
la dissenterie, parce qu'il adoucit
l'acrimonie des humeurs, il est
propre pour les ulceres qui viennent à la bouche des petits enfans,
& il les soulage quand leurs dents
ont de la peine à percer lorsqu'on
leur en frotte les gencives, c'est
aussi un remede pour leur deman-
geaison, & au deffaut de l'huile on
peut l'employer pour un contre-
poison, il s'en fait une suye que
Mathiole vante fort pour les catharres & les fluxions qui se jettent sur les yeux, il dit qu'elle guerit aussi en peu de temps les ulceres que nous y voyons paroistre &
il enseigne la methode de la
faire.

Chacun sçait qu'il s'en fait plusieurs ragouts, & que les Hollan-
dois & les Peuples du Nort en

uſent frequamant dans leurs repas, & de tout ce qui ſe fait avec
le lait la pluſpart des gens veulent
que cela contribuë à la fraicheur
qui paroiſt ſur leur tein.

On fait du beurre de toutes
ſortes de laits, excepté de celui
qui ſe tire des vegetaux, le plus
frais battu & qui ſe tire de celui
de la vache eſt eſtimé le meilleur,
particulierement lorſqu'elle eſt
nourrie dans un bon pâturage, il
entre dans les compoſitions de
quelques onguents, emplâtres, &
cataplaſmes; lorſqu'il eſt battu il
laiſſe un petit lait dont les gens
naturellement conſtipés ſe ſervent pour s'ouvrir le ventre,
mais je ne conſeillerois pas d'en
uſer à ceux leſquels ſe ſentent
trop échauffés, parce qu'il pourroit ſe tourner facilement en

pourriture : Autrefois on l'ordon-
noit meſlé avec du miel pour ceux
qui eſtoient tourmentés de fluxions ſur la poitrine, parce qu'il
aide à en chaſſer le flegme & les
crachats ainſi que des poulmons,
mais comme bien ſouvent ces fluxions ſont accompagnées d'inflamations, j'eſtime qu'il eſt plus
ſeur de s'en tenir aux autres remedes que la methode nous enſei-
gne, enfin comme le beurre eſt
maturatif, il eſt propre à pluſieurs
maux, & ſe fait de la partie la plus
chaude du lait.

Chapitre III.

Du Fromage.

JE ne crois pas devoir m'arrester à dire de quelle maniere on fait le fromage non plus que le beurre, bien que divers Autheurs se soient donnés la peine d'en écrire les moyens; il s'en fait de tant de sortes que j'aurois de la confusion de m'en faire un amusement. Galienlouë extrememét ceux de Pergame pour les meilleurs de toute l'Asie, qui est le climat sous lequel il est né. Mathiole en fait de mesme de ceux de Senes & de Florence à cause de leur grande douceur & de leur odeur suave, cela vient de ce qu'ils n'y mettent autre presure

presure que la Fleur d'Artichaut, dont les Toscans ont coûtume de faire cailler leur Lait ; & pour le mieux vanter , il dit que les Cardinaux qui sont à Rome, ont un grand soin d'en faire provision. Aristote parle ainsi d'un Fromage excellent qui se fait en Phrygie avec les Laits d'Anesse & de Jument.

Toutes sortes de Fromages deviennent salés avec le temps, & lors qu'ils sont mis dans du Vinaigre avec du Thin, ils re-prennent leur nouvelle saveur, & les Feüilles d'une herbe que les Grecs appellent *Arum*, & les Latins *pes Vituli*, empêchent que les vers ne s'y mettent. Le Roquefort, le Parmesan & ceux qui viennent de Sassenage en Dauphiné, sont servis parmi nous

C

fur les plus friandes tables. Les Anciens eftimoient fort les Fromages enfumés. Conftantin Cefar dit, qu'il ne s'en peut faire du Lait des beftes, lefquelles ont une double rangée de dents, ny de celles qui ont plus de quatre tettes, & que celles qui en ont feulement deux, font les meilleures.

Le Lait de Vache a plus de parties cafeufes que les autres; & pour parler de la faculté des Fromages en general, ils font de difficile digeftion, & engendrent des humeurs bilieufes & mélancoliques dans les corps qui font échauffés, & aux autres vifqueufes, parce qu'ils fe font de la fubftance la plus épaiffe du Lait. Il n'y a que le Fromage frais qui foit paffablement bon à l'efto-

mac, il est nourrissant & lâche
mediocrement le ventre ; on le
tient propre aux inflamations des
yeux & aux meurtrissures du
corps. Il est constant que les
vieux Fromages sont extre-
mément bruslans & picquans à
la langue. Mathiole, que j'ay déja
cité, paroist estre persuadé qu'ils
ne sont propres que pour la goutte ; & pour appuyer cette opinion, il fait un recit touchant un
pauvre homme qu'on luy ame-
na sur une charette, lequel en
estoit desolé , & s'en estant
trouvé chés luy qu'il avoit re-
buté & abandonné à ses valets,
il en fit faire un cataplasme avec
le boüillon d'un jambon qu'on
avoit fait cuire cette journée là;
on luy en appliqua sur les parties qui luy faisoient de la dou-

leur, & fur les nœuds qu'elle
produit, la perfonne en fut guerie;
& plufieurs autres à fon imita-
tion s'en font bien trouvés, c'eft
pourquoy j'ay crû qu'on pou-
voit renouveller cette obferva-
tion.

CHAPITRE IV.

Du Lait clair.

LE Lait clair qu'on appelle
vulgairement petit Lait,
eft la ferofité du Lait; il a diverfes proprietés, & il eft en
ufage dans la Medecine pour
plufieurs maladies. On l'employe
auffi en differentes manieres,
quelquefois on le fubftituë à
l'eau commune pour faire des

decoctions avec plusieurs sortes
d'herbes, afin de temperer avec
plus de succés l'ardeur & la seicheresse des entrailles, dont plusieurs sont atteints.

Il est admirable pour toutes
les inflamations, il est utilement
appliqué sur les contusions &
meurtrissures ; il tempere la chaleur des humeurs bilieuses &
mélancoliques; il les amolit & les
rend plus flexibles à estre éva-
cuées ; il lâche le ventre sans
peine ; il est propre aux opila-
tions de Ratte, des Veines, des
Intestins, aux chaleurs de Foye
& à la Jaunisse.

Il est profitable à ceux qui
font sujets à la gratelle, aux
dartres, au mal saint Main, aux
Erefipeles, & à tout ce qui procede d'une intemperie chaude &

feiche , & à la corruption du
fang ; & finalement, il eft d'un
grand fecours aux Graveleux,
aux maux des Reins & à ceux
qui font tourmentés de la gono-
rée , il en appaife les douleurs
par fon injection & pris par la
bouche ; mais il y a maniere de
le donner , de le prendre & de
le preparer.

Il eft dangereux quelquefois
de le mettre dans un corps trop
échauffé , car alors il fe verdit
& fe corrompt , c'eft pourquoy
il eft befoin de le clarifier à ces
perfonnes-là , afin qu'il féjourne
moins dans les parties où il paffe.

Il en eft autrement de ceux
qui ont des difpofitions à s'en-
flamer, & dont la feichereffe les
confume, & leur caufe des infomnies & des inquietudes cruel-

les ; il leur eſt plus avantageux
de le prendre ſans eſtre clarifié,
il ſuffit qu'il ſoit doux, frais &
paſſé dans une ſerviette en quatre doubles , ou le laiſſer dé-
goûter de deſſus un clayon aprés
que le Lait eſt caillé ; & comme
il y en a quelques - uns dont
l'eſtomac ne ſupporte pas aiſément ſa fraiſcheur, on y fait fon-
dre un peu de ſucre. Et comme
l'uſage en eſt étably il y a long-
temps , je me diſpence de dire
comme il ſe clarifie pour eſtre
ſceu de trop de gens , non plus
que d'entrer dans toutes les manieres qu'on a de coûtume de
s'en ſervir : je diray ſeulement
qu'il eſt moins avantageux de
dormir apres l'avoir pris, que de
faire quelque leger exercice.

C iiij

CHAPITRE V.

De la difference des Laits, & de leurs qualités.

AVant que de parler de la difference des Laits, & de leurs qualités, il est aisé d'en tirer des consequences favorables & d'estre persuadé que ces trois substances separées ayant autant de vertus que je viens de le faire voir, on ne peut pas douter qu'estant unies, elles ne soient tres-utiles pour la santé du genre humain : mais comme de toutes les especes il y en a toûjours de meilleures les unes que les autres; il en est de mesme du Lait qu'il faut sçavoir distinguer pour en faire un plus parfait ufage.

Les Laits dont la Medecine a coutume de fe fervir pour les malades, fe prennent quelque-fois de la Femme, & pour ceux des Animaux, ils fe tirent des Vaches, des Chevres, des Anef-fes, & des Brebis. Les Anciens fe fervoient de celuy de Buffle, & de celuy de Chameau & de Jument, ils ont mis celuy-cy en paralelle avec celuy de Vache, & l'ont eftimé auffi nourriffant mais comme il n'eft pas en pra-tique parmi nous, & que nous pouvons nous en paffer, je paf-feray fous filence ce qu'on en pourroit dire en particulier, com-me je feray des autres.

Le Lait de la Femme eft le plus eftimé de tous, parce qu'il eft temperé en toutes fes parties ; & comme il a esté de tout temps destiné pour nostre premiere nourriture, on peut juger par-là de sa perfection. Generalement parlant, il est plus nourrissant que les autres, & engraisse davantage , il rejouit le cerveau , il est bon à l'estomac, merveilleux pour les Rougeurs & les Fluxions qui viennent aux yeux, meslé avec le jus de Pavot : il soulage les douleurs de la goutte chaude , & sa bonté se connoit au goût & à la vûë, car il faut qu'il soit blanc , & d'une consistance ny trop épaisse ny trop liquide , mesme d'une odeur agreable , & lorsqu'il est autrement, on peut conjecturer avec certitude que la personne dont il sort n'est pas saine. Herodote , Prodius , & plusieurs au-

tres le confeilloient aux gens hé-
tiques & décharnés , & avoient
une tres-grande confiance en ce
remede. Je comprens bien que
la plufpart des gens, ont de la
peine à fe faire alaiter d'une
femme , mais on peut en avoir
plufieurs , & les faire tirer en
forte qu'il foit encore affés chaud
pour le prendre : cependant il
eft plus avantageux aux pthyfi-
ques de le fuçer ; quelques-uns
ont plus d'eftime pour celuy d'u-
ne Nourriffe qui eft accouchée
d'un fils que d'une fille.

Le Lait de Vache fuccede à
celuy de la Femme pour eftre le
plus épais & le plus nourriffant,
c'eft auffi celuy qui eft le plus
ufité pour les perfonnes extenuées , & abbatuës de langueur
par de longues & fâcheufes ma-

ladies, il est propre à tant de choses que je remets à les dire dans l'Eloge que je pretends donner du Lait sur la fin de ce Traitté.

Le Lait de Chévre est plus sec, & par consequent moins sereux & plus convenable aux personnes d'un temperament humide, mais facile à se cailler; lorsqu'on y met un peu de sucre & de sel, il est moins sujet à cét accident, il est plus salutaire à l'estomac, & aux enfans qui sont en chartre, incommodés du rhume & du dévoyement, parce qu'elle broutte ordinairement des bourgeons de Chesne, de Therebinthe, de Lentisque, d'Olives, & autres choses adstringentes qui luy donne cette qualité : ainsi il est preferable aux autres dans ces occasions.

Le Lait d'Anesse est le plus maigre de tous, c'est ce qui fait qu'il a beaucoup de serosité, bien que ce ne soit pas la pensée de Pline, qui le croit le plus épais de tous les Laits, mais ce n'est pas la seule chose dont il a parlé avec peu de connoissance. Ce Lait est estimé plus rafraîchissant que les autres, c'est pour cela qu'il passe plus promptement, & qu'il est tres-propre aux maladies de la Poitrine & du Poulmon, ce leur est un Remede tres-souverain, & connu pour cét effet à ceux qui l'ont éprouvé, & qui pratiquent la Medecine. Il se tourne rarement en Fromage dans l'estomac, il guerit les pthysiques, & les engraisse, il rend le teint frais & beau,

& c'eſt pour cela que Poppée femme de Neron , avoit toû-jours à ſa ſuitte ; quelque - part qu'elle allaſt, quatre à cinq cens Aneſſes pleines , & ſe faiſoit la-ver tout le corps de leur Lait, croyant que cela luy étendoit la peau & la rendoit plus blanche, plus belle & plus douce.

Le Lait de Brebis produit beaucoup moins de petit Lait que ceux d'ont je viens de par-ler , & il eſt fort gras , je croy que c'eſt à cette occaſion qne les Medecins l'ordonnent rare-ment , & nous ne voyons guere que de pauvres gens qui en uſent, à moins que ce ne ſoit dans cer-taines Provinces où les Vaches ſont rares , & où l'on évite d'a-voir des Bœufs dont on ſe ſert pour labourer les Terres ; & de plus son frequent usage engendre des taches blanches sur la peau.

Il faut aussi remarquer que les Laits sont differens selon les Saisons, car le Lait du Printemps, de liquide & fluide substance qu'il estoit s'épaissit, & dans l'Esté, il est aussi plus coulant, c'est pourquoy il se digere alors plus facilement, & paroist d'une odeur plus douce & plus agreable.

Suivant les âges le Lait est aussi different, & celuy que les Animaux produisent dans toute leur vigueur & leur force, est ordinairement le meilleur, car lorsqu'ils sont trop jeunes, leur Lait a moins de consistance, & quand ils sont vieux, il est encore moins cresmeux & plus sec. Il en est sans comparaison des Nourrices comme des Animaux ; & ce qui fait qu'on rejette le Lait trop jeune c'eſt que n'ayant pas acquis tous les degrés de coction qu'il doit avoir , il ſe trouve plus communément difficile à digerer , car je ne donne pas cecy pour une regle abſolument generale , puiſque j'ay vû quelquefois des Laits à ſix ſemaines plus achevés que d'autres à trois mois, & cela ſuit aſſés les conſtitutions & la maniere de vivre, comme je le vais faire remarquer.

On peut ſe perſuader que les habitudes differentes font auſſi la difference des Laits, & c'eſt une des raiſons qui fait que l'on prefere les beſtes noires aux autres, la pratique & l'uſage les ayant fait connoître pour eſtre plus robuſtes , je pourrois en fournir

beaucoup

beaucoup d'exemples, & l'on en
tire encore une conseqence par
l'excellence de leur chair, dont
le goût est plus relevé que celuy
des bestes blanches.

La diversité des pasturages
rend aussi les Laits differens,
car les Animaux paissent bien
souvent des herbes toutes contraires les unes aux autres ; ceux
qui brouttent dans les lieux aqua-
tiques, donnent du Lait moins
épais & en plus petite quantité,
ceux des montagnes en fournissent de meilleur & beaucoup davantage, c'est pourquoy il est
important de prendre garde à
l'endroit où l'on met paître l'A-
nimal dont l'on veut prendre le
Lait. Car s'il paist des herbes
adstringentes, comme font ordinairement les Chevres, ce Liat

reſerrera le ventre de celuy qui en fait ſon remede , mais s'il paiſt de l'Helebore, de la Scamonée, de l'Eſula, ou du Thitimale , il donnera des devoyemens qui ſouvent ſe tournent en flux de ſang. Il faut donc ſur toutes choſes avoir égard à cela, comme d'oſter le petit à l'Animal s'il en alaite quelqu'un , & luy faire faire exercice en le nourriſſant bien.

On a remarqué que le Cytiſus qui eſt un arbriſſeau ſemblable au Rhamnus , & dont les feüilles reſſemblent au Lotus, fait un Lait fort doux & en quantité. Nos Botaniques ont écrit de grandes hiſtoires là deſſus. Theophraſte , Strabon , Pline , Mathiole & pluſieurs autres, meſme Columelle dans ſon Livre cin-

quiéme de la vie Rustique le re-
commande pour engraisser les
bestiaux ; & si nous le croyons
son infusion prise en breuvage
fait avoir beaucoup de Lait aux
femmes ; mais aprés avoir leu
ce qu'en disent ces Messieurs, je
ne vois pas qu'ils soient tres-
assurés sur la connoissance de ce
Cytisus , & que le Treffle qui
croît dans nos prés, que les Latins nomment Lotus , tres bon
pour la nourriture du Bestial, soit
la chose surquoy ils ont tant dis-
couru. Car il faut sçavoir que
dans la connoissance des simples
comme dans celle des Fleurs ,
beaucoup de gens leur ont donné des noms differens , & lesquels divisent les esprits, bien que
ce soit toûjours & à peu prés la
mesme figure ; & puisque me

voicy infensiblement engagé dans ce difcours, je diray qu'il fe tire auffi du Lait de plufieurs Arbres & de plufieurs Herbes, furquoy je m'étendray peu. Le Figuier, les Laituës, les Cichorées & les efpeces de Thitimale, avec beaucoup d'autres que je ne nomme point, nous le font affés appercevoir : mais entre ces efpeces je fouhaitterois affés que nous euffions en ce païs un petit Arbre dont parle Daléchamp, aprés Monard, que les Indiens ont nommé Pinipinichy. Cét Auteur celebre affirme en avoir vû tirer une liqueur femblable au Lait, qui purge admirablement bien par les felles les ferofités & les humeurs bilieufes en le prenant avec quelques cuillerées d'eau, ou de vin, car il faut le

faire seicher & reduire en poudre pour le preparer, la dose
n'est pas de plus de quatre ou
cinq grains ; & ce que je trouve d'extraordinaire en cecy, cest
que ce remede purge autant & si
peu qu'il vous plaît, parce que
vous arrestés son effet, en prenant un peu de boüillon, du vin,
ou autre chose, & aussi-tost
il cesse de vous purger ; ce qui
n'est pas de mesme des autres
purgatifs, desquels on ne peut
interrompre le cours lorsqu'on
les a pris : & bien souvent il seroit à desirer de le pouvoir faire
pour éviter les desordres que cela cause en plusieurs occasions,
& la chose m'a paru assés re-
marquable pour la placer en ce
chapitre.

Nous avons aussi quantité

de Vegetaux ou herbes lacteés,
on observe qu'elles font beaucoup plus de fang & meilleur
que les autres ; plusieurs fruits
& plusieurs semences rendent
aussi du Lait , & s'il me faloit
faire un détail de toutes ces choses, ce seroit grossir mon Ouvrage à peu de frais & inutilement ; mais si quelqu'un a la curiosité de les sçavoir, il peut lire
Theodore Gaza & Spartian dans
la vie d'Heliogabale, où il trou-
vera la quantité des mets qui se
font du Lait, car ce Prince avoit
des Cuisiniers qui n'estoient destinés que pour luy en apprester
de diverses manieres, & luy en
faire plusieurs services, comme
cet Auteur le raporte.

Marc Caton en écrit de neuf
fortes de façons , Constantin

Cesar dans sa vie Rustique, que Janus Cornarius a traduite, en parle aussi emplement. Varron dans sa Vie champestre, Columelle, Palladius, Dioscoride & beaucoup d'autres anciens Auteurs se sont extrémement estendus sur ce sujet.

Il est encore une certaine Pierre qu'on apporte d'Egypte appellée Galaxide, dont les Marchands Lingers se servent pour blanchir, quelques-uns la nomment Pierre de Lait, parce qu'elle en rend de soy-mesme, elle est molle & se détrempe aisement, sa couleur est cendrée, & le goût en est tres-doux. Les Grecs faisoient autrefois une boüillie avec l'Orge & le Lait qu'ils appelloient Galaxie, & ils apprestoient ce manger pour une Feste qu'ils celebroient & qui en retenoit le nom ; il signifie aussi en leur langue se gonfler de Lait , & ce pourroit bien estre ce qui a donné lieu d'appeller cette Pierre Galaxide, comme aussi Galacto-potes. Les Nomades ou Arabes d'Affrique aussi bien que les Tartares Européens n'ayant point de bled sont obligés de vivre de Lait. Voila selon mon sens ce qui se peut dire sur la diversité & sur les qualités des Laits, pour n'estre pas ennuyeux par beaucoup d'autres choses qu'on en pourroit rapporter.

CHAP.

CHAPITRE VI.

Du choix qu'on doit faire du Lait.

APrés avoir parlé de la difference des Laits, il eſt neceſſaire d'en ſçavoir faire le choix
pour s'en ſervir heureuſement.
Il ſe connoiſt à la couleur, au
gouſt, à l'odeur & dans ſa ſub-
ſtance ; & c'eſt ce qui doit faire
diſtinguer le bon d'avec le mauvais.

Le meilleur eſt celuy qui eſt
blanc, & d'une conſiſtance ny
trop épaiſſe ny trop claire, tenant
le milieu de ces deux extremités,
de maniere que ſi l'on en met
une goutte ſur l'ongle, il ne s'é-
panche d'aucun coſté. Il doit

E

avoir une odeur agreable, ou
point du tout, & pour la saveur
il faut qu'elle soit exempte d'ai-
greur, d'amertume, d'âpreté
& de salure : car toutes choses
dans la nature n'estant compo-
sées que de sels, les chyles ayant
plus ou moins de ces sels les uns
que les autres, comme nous
avons fort bien remarqué dans
les Bestes indisposées & mal sai-
nes, dont il ne faut point prendre
le Lait, non plus que de celles
qui sont en chaleur, parce qu'il
cause le dévoyement, produisent une mauvaise nourriture &
d'autres accidens fâcheux.

Il ne faut pas aussi que le Lait
dont on doit user, soit trop gras,
parce qu'il est plus difficile à digerer ; & ce qui nous en est une
preuve, c'est que lors qu'on en

veut tirer du Lait clair , on a
toutes les peines du monde de le
bien clarifier , mesme avec l'aide du feu des acides & autres
choses, pour debarasser ses parties salines & crémeuses ; ce qui
nous en fait tirer une conse-
quence qu'il ne passe pas si facilement , & rafraîchit beaucoup
moins.

Lors qu'un Lait est accompa-
gné d'une couleur tirant sur le
jaune , il faut le rejetter , bien
qu'une Nourrice, quelque bonne
qu'elle soit, mangeant des alimens safranés , donnera sans
doute du Lait de cette couleur.
Ceux aussi qui verdissent & noir-
cissent , sont abominables , &
l'on ne doit point s'en servir.
Quelques Auteurs affirment
comme Pline, que celuy qui vient

des Animaux , lefquels ont doubles rangées de dents, ne caille
jamais.

CHAPITRE VII.

*De la maniere qu'on doit fe pré-
cautionner , avant & aprés
l'ufage du Lait.*

PAr ce qu'il nous a paru du
Lait & des vertus de fes differentes parties , nous pouvons
conclure qu'il eft tres-propre à
beaucoup de maladies, mais qu'il
eft de la prudence de ceux qui
les traittent, de le fçavoir ajufter
au temperament des perfonnes
qui doivent en ufer , & pour cela il eft neceffaire d'y apporter
de grandes précautions pour le

mieux faire reüssir , car autrement il est dangereux qu'il ne
se corrompe , & déconcerte plûtost la nature que de luy faire du
bien.

Ces précautions doivent plus ou
moins estre estenduës à proportiõ
de la grandeur des maux : car
lors qu'on veut remettre un corps
abattu & déseiché par des intemperies & des obstructions
contractées de long-temps , il
ne faut pas simplement se con-
tenter d'avoir satisfait à la plenitude des veines , & d'avoir éva-
cué quelques humeurs. Il est important, si le sujet est capable de
suporter le bain ou le demy bain,
de luy en faire prendre l'usage
pendant quelques jours, & tout
autant qu'on le jugera necessaire,
pour amolir & mettre en mou-

vement les humeurs qui font re-
tenuës , & que les eaux mine-
rales emportent aprés avec plus
de facilité lors qu'elles doivent
préceder le Lait ; c'eft la methode la plus feure pour empêcher qu'il ne fe caille, & ne caufe
des accidens de plufieurs manié-
res, tels que nous les voyons pa-
roiftre fouvent dans les corps
trop échauffés & pleins de bile,
qu'ils pervertiffent en leurs mau-
vaifes habitudes.

Je n'amplifiray point ce difcours
des remedes differens qu'on eft
obligé de faire prendre aux malades pendant le cours de cette
preparation, parce qu'on ne le
doit pas faire fans le confeil de
quelqu'un qui fçache pratiquer
la medecine, & qui puiffe fçavoir profiter des occafions, dans

lesquelles ils doivent estre ad-
ministrés & conduits selon les
forces, l'âge, la saison & le temperament de la personne qui en
a besoin.

Ce n'est pas qu'aprés avoir
observé tout ce que je viens de
dire ; il arrive quelquefois que
l'habitude du corps n'estant pas
entierement nettoyée d'un vieux
levain qui fait l'essence de la
pluspart des maladies , & qui
en est la source & l'origine ; il
resout & convertit aisément tout
ce que nous prenons en sa propre substance, ce qui est cause
que le Lait ne produit pas tous
les bons effets qu'on s'en estoit
promis : à cela on a recours à
deterger & nettoyer souvent le
ventricule par de frequens & le-
gers purgatifs, au nombre des-

E iiij

quels on croit la Rhubarbe le plus convenable, ayant la faculté d'emporter la crasse & l'ordure que le Lait y peut laisser, & qui le fait tourner en caillé, ce qui s'apperçoit pas des aigreurs qui surviennent à la bouche, & quelquefois suivies de dévoyemens & d'autres incommodités qui obligent à le quitter.

Cependant il peut arriver à plusieurs des benefices de ventre dans les commencemens qu'ils prennent du Lait, qui ne leur font que salutaires ; & c'est quelquefois une marque qu'il remuë les humeurs qui faisoient la maladie, c'est pourquoy il ne faut pas s'en estonner, à moins qu'ils ne continuënt avec une impetuosité qui puisse faire croire que c'est plûtost maléfice qu'un bon effet, & cela est assés aisé à distinguer par le mal ou le bien qu'on en ressent.

Dans ces occasions il ne faut pas s'opiniâtrer d'en prendre ; il est à propos de laisser écouler quelque temps, ou d'en diminuer la quantité, si l'on n'aime mieux se mettre à un regime qui convienne à la maladie pour l'essayer une autre fois.

Toutes les maladies pour lesquelles on prend du Lait, n'ont pas toûjours besoin de toutes les précautions, dont je viens de parler, à moins qu'on ne soit necessité d'en user pour toute nourriture, encore est-il des gens fort extenués qui sont incapables de supporter ces grands remedes, & ausquels il suffit d'avoir esté purgés deux ou trois fois pour les y mettre.

Mais quelque temps avant cela, il eſt neceſſaire, bien qu'on ſoit purgé, de vivre regulierement, & de ne point mettre dans ſon eſtomac des alimens difficiles à digerer, tels que ſont les legumes, ſalades, ragoûts & autres ſemblables choſes qui font des crudités ou qui échauffent, comme on dira plus amplement.

Quelques-uns y mettent un peu de ſucre ou du ſel, pour empêcher qu'il ne s'aigriſſe & ne ſe caille, & luy oſter ſa crudité; mais le ſucre candit eſt meilleur que l'autre, parce qu'il a jetté toute ſon écume, & n'eſt pas capable d'une grande fermentation.

L'abſtinence du vin eſt abſolument neceſſaire dans l'uſage du Lait, comme auſſi les choſes

capables de l'aigrir ; & il est bon
d'éviter les grands exercices
aprés l'avoir pris, & ne pas se
donner de grandes applications
d'esprit.

Ceux qui veulent vivre de
Lait, doivent éviter les occasions
de se mettre en colere, & sur
tout ceux qui sont d'un temperament melancholique, à cause
du suc acide que produit cette
humeur, lequel venant à boüil-
lonner avec le Lait cause la fiévre, qui ne paroist point sans
estre accompagnée de beaucoup
d'autres incommodités.

Tout ce qui donne du plaisir
& de la joye, pourvû qu'on ne
passe les bornes de l'honnesteté
& de la continence, peut cau-
ser de grands avantages pour la
santé dans l'usage du Lait, c'est

pourquoy il profite beaucoup
plus dans certaines faisons, tant
par fa bonté qui excelle dans ce
temps, que par l'agreable tem-
pérature de l'air; & il me femble en avoir déja affés dit là-
deffus, de maniere que lorfque
le Malade eft à un point qu'il
peut attendre le Printemps, ou
qu'il peut laiffer paffer les grandes chaleurs de l'Efté, c'eft agir
avec plus de prudence; mais lors
qu'on voit qu'il en eft autrement,
on paffe par deffus ces loix,
parce qu'on le peut quitter, s'il
ne reüffit pas felon noftre defir.

On doit encore remarquer
une chofe, que la chaleur faifant
prendre & tourner le Lait, il eft
aifé de concevoir qu'on ne peut
trop fe mettre dans un état temperé, avant que d'en vouloir fai-

re l'usage, & il faut tascher
d'employer tous les moyens propres pour y parvenir.

Les précautions doivent estre
differentes, comme j'ay déja dit,
suivant la difference des Laits,
& des maladies, car lorsqu'il est
pris pour le Dévoyement, Lien-
terie, Dyssenterie, Flux de sang,
& autres ; il faut avoir soin de
le faire écrémer à la chaleur de
l'eau chaude, ou des cendres,
& en oster les pellicules qui se
font sur la superficie. Quelques-
uns dans ces occasions y font in-
fuser des roses rouges, quelques
heures avant que de le boire, &
d'autres y jettent des cailloux
rougis dans le feu, ou des car-
reaux d'acier pour luy donner
plus d'atriction & le rendre plus
convenable pour guerir ces flux

immoderés que tous les autres Remedes n'ont sçû arrester.

Lors qu'on parle du Lait en general, il faut entendre celuy de Vache, il se trouve plus aisement que les autres, c'est celuy qui dégoûte le moins, on le prend en toutes les saisons, & il est plus en usage que les autres.

Celuy de Chevre qu'on donne ordinairement aux enfans qui sont en chartre, n'a pas besoin d'estre écresmé, il est seulement necessaire d'observer de ne leur faire prendre aucune nourriture de trois heures aprés, & les empescher de prendre des alimens grossiers & sujets à se corrompre, leur oster toutes les friandises, & ne leur rien donner qui soit capable de le faire aigrir;

comme font tous les acides ; les personnes raisonnables doivent se conduire de mesme, & comme il est plus adstringent que les autres Laits, on doit le préferer pour tous les flus de ventre.

Tous les Laits doivent estre tirés fraîchement, & mis en des vaisseaux fort nets, passés par des étamines lavées immediatement aprés qu'elles ont servy. Il faut que les gens qui doivent avoir soin de ces choses, soient propres, & si c'est une femme qui tire l'Animal qui doit donner du Lait, on prendra garde qu'elle soit hors du temps d'avoir ses ordinaires, c'est pourquoy les personnes qui n'oublient rien sur ce sujet se servent des hommes.

Lors qu'un Lait est trop épais

ou crefmeux, il eft bon d'en o-
fter avec une cuillere toute la fu-
perficie, comme trop nourriffan-
te, & plus aisée à fe pervertir
en caillé, & par confequent à
s'aigrir.

Ceux qui feront obligés d'u-
fer du Lait de femme, auront
foin d'en choifir qui foient jeunes & d'un bon temperament,
plûtoft fanguin que d'une autre
maniere, & dont le tein foit ver-
meil, les dents belles & la che-
velure brune, ayant toutes les
qualités que doivent avoir les
bonnes Nourrices, & bien qu'il
s'en trouve quelques - unes qui
fourniffent jufques à une pinte
de Lait par jour; il eft à propos
d'en avoir plufieurs pour les perfonnes avancées en âge, & dont
l'indifpofition ne demande autre
aliment

aliment que celuy-là pour toute nourriture.

Il en est sans comparaison des précautions qu'on doit avoir pour l'usage du Lait d'Anesse, comme de celuy-là, & l'Animal qui aura de la jeunesse produira un Lait plus agreable, plus rafraîchissant & d'une vertu beaucoup plus efficace, il aura aussi plus de force à rétablir les parties du corps flétries & déchuës de leur premier estat.

Ce qui contribuë le plus à faire profiter le Lait, c'est lors que l'estomac fait bien ses fonctions, qu'il le digere avec facilité, qu'il le suporte aisément, & sans qu'on y ressente aucune pesanteur: c'est pourquoy il est de la prudence de ceux qui sont obligés d'en prendre, de s'y accoûtumer peu

à peu, il faut pour cela se con-
tenter d'une mediocre quantité
dans le commencement de son
usage. On y peut méler un tiers
d'eau d'orge ou d'eau tiede, comme l'ordonne Hypocrate, pour
le rendre plus coulant & d'une
substance plus legere ; & aprés
en avoir pris quelques jours de
cette maniere, on peut l'augmen-
ter par degrés, & à proportion
des effets qu'il produit.

Lors qu'on en prend seulement
le matin, comme l'on fait ordinairement de celuy d'Anesse, on ob-
servera de ne manger de trois ou
quatre heures aprés, afin que la
distribution s'en puisse faire plus
facilement , & ceux qui ne se
nourriront d'autre chose, peuvent
regler le temps selon la quantité
& la bonté du Lait qu'ils pren-
dront.

Je n'ay guere vû de personnes
en user plus de trois ou quatre
fois le jour, à sçavoir le matin,
à midy, l'aprédinée & le soir :
Ce n'est pas que selon mon sens
on pourroit en donner plus souvent à ceux qui ont de la peine
à le supporter, pourvû que la
quantité n'excedât pas le poids
de deux ou trois onces, & la re-
commencer de trois heures en
trois heures, ou davantage, si
l'on y estoit obligé, soit par la
foiblesse de l'estomac ou pour en
faire la digestion : Car de cette
maniere on pourroit mesme y
accoûtumer des gens sans craindre les suites qui leur font quitter ; & pour l'empêcher de s'aigrir une tablette composée avec
les yeux d'Ecrevisse, & les perles preparées prise quelque temps

auparavant, est d'une grande utilité.

Bien souvent on se trouve trop pesant & trop nourry, aprés avoir vêcu de Lait pendant quelques mois, nonobstant les frequentes purgations qui sont necessaires dans son usage, & lors qu'on est dans cet estat, il faut s'en retrancher ce qu'on croit à propos, pour éviter ce degré de plenitude qui nous rend insensiblement malades.

Ceux qui desirent vivre de Lait, doivent aussi estre avertis de bien laver leurs dents aprés leur repas, parce qu'il les gaste & les ruine autant que chose du monde.

Il ne faut pas que les gens qui ont coûtume de manger beaucoup, passent d'une extremité à l'autre, lors qu'ils se mettent au

Lait ; & il est plus expedient de l'accompagner de quelque chose qui convienne à sa nature, comme il en sera parlé plus amplement dans le Chapitre qui suit, parce qu'ils pourroient trop s'affoiblir en faisant dans ce commencement une abstinence si severe pour eux.

Le Lait constipe quelquefois, & resserre le ventre, & c'est lors qu'il nourrit beaucoup, c'est pourquoy on doit avoir soin de se le rendre libre de temps en temps, pour ne pas laisser amasser les humeurs. Et afin de ne pas s'abuser, le Lait est contraire aux Ratteleux, à ceux qui ont la fievre & qui sont sujets aux douleurs de teste, ce n'est pas qu'il ne reüssisse souvent aux fievres lentes, dont je diray la raison cy-aprés. Il ne faut pas aussi s'en servir pour la Paralisie , ny pour l'Epilepsie, mais c'est un grãd Remede generalement parlant aux gens d'un âge mediocre , & aux vieillards qui ne sont pas d'un temperament froid ; il est tres-propre aux pthisiques , coleriques , & à toutes personnes qui ont l'estomac vuide de mauvaises humeurs , & qui ont les veines amples & grandes , & dont les pores des intestins sont ouverts.

CHAPITRE VIII.

Du Regime qu'on doit tenir dans l'usage du Lait, des alimens qui luy sympatisent, & de ceux qui luy sont contraires.

LE Regime du Lait doit suivre la quantité que nous sommes obligés d'en prendre, & la quantité se doit regler suivant la grandeur des maladies, & les forces de nostre estomac.

Les Regles generales dans l'usage du Lait, sont de s'abstenir d'y joindre aucune chose qui puisse le faire aigrir, comme le vinaigre, le verjus, le citron, & tout ce qui peut avoir de l'acidité, mais comme la plusparc

des chofes que nous prenons pour
noftre nourriture, font compofées
de l'acide & de l'alkaly, les malades doivent éviter d'y mefler plufieurs fortes de viandes , ragoûts
precis , & autres alimens dont
nous ufons frequament dans nos
Repas , à moins qu'on ne foit
abfolument perfuadé que le Lait
qu'on aura pris le matin, ne foit
entierement digeré , car cecy
n'eft dit feulement qu'à l'egard
de ceux qui en prennent une fois
le jour , encore faut il que dans
ce temps, ils perdent l'habitude
de manger des fruits acides &
beaucoup d'autres chofes de cette nature, qui pourroient fe corrompre par la fermentation.

Ces Regles generales dont
nous venons de parler , doivent
s'obferver tres-exactement dans
l'ufage

l'usage de toutes sortes de Laits, & sur tout lorsque l'on commen- ce à s'y mettre, parce que nous n'y sommes pas encore bien ac- coutumés.

La maladie estant dans un estat qui puisse permettre de ten- ter divers moyens, on doit pour essayer l'usage du Lait, se con- tenter d'en prendre le matin, à peu prés un demy-setier, & lors qu'il passe facilement, qu'on ne ressent nulle pesanteur sur l'esto- mac, & que des rapports aigres & fâcheux ne reviennent point à la bouche, on augmente peu à peu cette dose jusques à la quan- tité de seize onces qui font cho- pine mesure de Paris.

Les alimens qui doivent sui- vre cette pratique, font de bons potages de santé avec la Volaille , le Veau , le Mouton , pour le dîner de la perſonne indiſposée, ſuppoſé que ſon appetit l'excite à manger de ces mets.

Son deſſert peut eſtre de quelque Biſcuit , d'Abricots confits ou en marmelade , de compotes de Poires , de coings , ou des pâtes de ces ſortes de fruits.

La Colation ſe peut faire à peu prés comme ce deſſert , obſervant pourtant en toutes ces choſes la ſobrieté.

Le Souper ſe fera de quelque achis , ou de quelque Pigeonneau , meſme d'un Poulet , ou d'un morceau de Veau roſty, mais ce dernier repas doit eſtre plus leger que les autres , afin que l'eſtomac ſe puiſſe trouver plus net le lendemain , & plus propre à recevoir le Lait qu'on

doit prendre , car j'ay déja dit
que le Lait s'aigrissoit & se cor-
rompoit lorsqu'il estoit mis dans
des Vaisseaux mal-nets , & gou-
verné par des gens qui s'éloi-
gnoient de la propreté ; de-là
nous pouvons tirer une conse-
quence infaillible appuyée par
l'experience, que lorsqu'il tombe
dans un Ventricule impur & en-
duit d'un mauvais ferment , il se
convertit dans sa substance , &
produit des suites dés-avantageu-
ses plutost que salutaires pour
nostre santé ; & je repete cecy
pour mieux faire connoître qu'on
ne peut trop se servir des précautions dont je viens de parler
dans le chapitre precedent.

Quand cette methode aura
esté pratiquée quelque temps,
c'est à dire , prés de quinze

jours, on peut si la necessité de la maladie le requiert, comme dans la pthisie, toutes les affections des poulmons, la goutte, la Diarrhée, le Tenesme & les flux de ventre immoderés, passer à l'usage d'une plus grande quantité, aprés avoir esté repurgé de Remedes convenables au temperament, & aux forces du malade, & voicy la maniere que je croirois qu'il s'y faudroit prendre.

Le matin sur les sept heures, ou plutost, si l'on est éveillé, on pourroit prendre environ douze onces de Lait qui font les trois quarts d'une chopine, cinq heures aprés, qui seroit sur le midy, disner avec de la boüillie, des œufs frais avec du pain, & aprés avoir pris la mesme quantité de

Lait déja prescrite , parce que
le Lait ayant coûtume de préci-
piter les autres alimens qui ne
sont pas de sa nature dans les
Intestins , lorsqu'on n'y est pas
encore habitué , & qu'il est mis
par dessus , il est bon selon les
Regles de le prendre dans nostre
Repas avant toutes choses, mais
comme il ne produit pas toûjours un mesme effet , on peut
l'éprouver afin de s'y conduire
comme il sera à propos & necessaire , & si la faim pressoit
sur l'aprés-disné , & que l'estomac se fit sentir avoir besoin de
nourriture, ce qui n'est pas sans
exemple , on prend encore un
peu de Lait avec du Biscuit, ou
du pain, plus ou moins, selon
l'appetit de la personne, qui sou-
pera de mesme , ou approchant

de ce qu'elle aura difné , fuivant ce qu'il faudra pour la fuftenter raifonnablement , car on ne peut precifement regler ces chofes , & il faut que la prudence du Medecin , & celle du malade s'accorde là-deffus.

Ce Regime ne doit pas eftre fuivy pour toutes fortes de maladies , car il y en a qui ne demandent abfolument que le Lait, & lorfqu'on s'apperçoit qu'il ne fuffit pas pour foûtenir nos forces , on peut l'accompagner de bifcuit , ou de pain feulement qui doit eftre leger , & bien cuit, cette derniere exactitude fe doit pratiquer pour ceux qui font abatus & défeichés , par une longue fuitte d'incommodités , & de douleurs , & dont les poulmons & le foye font foupçonnés d'eftre alterés , mais quand le Lait commence à reüffir , ce qui fe connoît par la diminution des maux fous le poids defquels on avoit accoutumé de gemir , on peut infenfiblement prendre d'autres licences , lefquelles ne detruifent pas les bons effets qu'il a produit , & dans cét état , on peut croire que les parties de noftre corps font dans le chemin de reprendre une nouvelle vigueur.

Il ne faut pourtant pas lorfqu'on a reçû ces avantages , quitter d'abord cette premiere façon d'agir , il eft plus à propos de la continuer encore pendant quelque mois , afin d'en eftre plus affeuré , & les perfonnes prudentes en ufent de cette maniere ; Mais quand on fe voit

G iiij

comme seur d'un progrés confiderable , nous pouvons alors
nous émanciper à satisfaire noftre appetit des alimens dont je
viens de parler , & dans les Sai-
fons , manger quelques fruits
cruds , comme des Fraifes , des
Poires , des Figues , des Melons,
des Pefches , lorfque noftre eftomac eft affés vigoureux pour les
fupporter , mais il n'en faut pas
abufer , & eftre toûjours en garde là-deffus , crainte de donner
lieu à des indifpofitions qui nous
obligeroient à le quitter.

Ceux qui ne font pas ennemis
des Confitures, peuvent manger
de celles dont on s'eft expliqué
dans le commencement de ce
Chapitre , les Compotes & les
Marmelades d'Abricots & de
Poires de Rouffelet font tres-

bonnes, les pâtes seiches de ces
mesmes fruits ne sont pas nuisi-
bles, le petit Anis, & Fenoüil
confit, les Marons glacés, la
fleur d'Orange, les candis de
Caramel, & beaucoup d'autres
sucreries soit liquides, ou seiches, non sujettes à s'aigrir, peuvent se souffrir, les Poires de
Bon-chrétien mises sous les cendres chaudes, comme la virgou-
leuse, l'Ambrette, vertes longues cuites ou cruës, sont aussi
admirables, les petits pois verds
bien assaisonnés avec de la cres-
me, & du beurre tres-frais, s'a-
justent avec l'usage du Lait,
aussi bien que les Asperges avec
de bonne Huile & un peu de
Sel, mais il n'en faut pas faire
une habitude. J'ay mesme connu un homme de qualité qui ne

faisoit pas difficulté de prendre
des Groseilles avec son Lait, sans
que cela luy fit mal ; cependant
je trouverois que c'est un peu
trop se hazarder , & je ne doute
point que beaucoup de gens ne
s'étonnent de ce que j'ose donner de semblables conseils , parce qu'autrefois on estoit tellement entesté qu'il ne falloit rien
mesler avec le Lait, que les Anciens disoient que c'estoit un aliment fier & glorieux qui ne vou-
loit point de compagnon , & ne
permettoit aucune de ces choses , mais l'experience & la pratique nous a montré qu'on pou-
voit le faire.

Je ne veux pas dire pour cela
que toutes sortes de tempera-
mens puissent s'y abandonner,
comme j'ay déja fait remarquer;

au contraire il faut se sentir là-
deffus , & y aller pied à pied
pour ne pas faire les chofes à la
volée , éprouver aujourd'huy ce
qu'on peut faire pour l'une, &
une autre fois pour l'autre , car
de cette maniere on ne peut faillir que legerement, & fe redref-
fer avec plus de facilité de fa
faute.

Cecy doit faire comprendre
qu'il n'eft pas feulement dangereux de fe laiffer aller à l'excés
de tout ce qu'il eft permis de
manger avec le Lait ; mais qu'il
faut bien plus l'éviter, & fpecialement lors que nous en faifons
noftre principale nourriture, ce
qui eft aifé à fe corrompre dans
noftre eftomac ; fçavoir toutes
fortes de viandes , d'herbes, de
vins, champignons, morilles &

autres choses de cette nature.
Le pain de seigle, la bierre, les
vieux fromages, comme aussi les
épiceries, & ce qui est trop salé
à cause de leur forte chaleur,
en un mot bannir ce qui n'est pas
de saveur douce, humectante,
agreable, & qui peut par sa ru-
desse, son acreté ou son acidité
picquer la langue & les parties
qui servent à la déglutition.

CHAPITRE IX.

Des Remedes qui doivent accom-
pagner l'usage du Lait.

APrés avoir parlé des alimens qui peuvent estre pris
avec le Lait, & de ceux qui luy
sont contraires ; il ne sera pas

inutile de dire quelque chose des
Remedes dont l'on peut se servir durant son usage : car il est
necessaire de se purger assés fre-
quemment pour empécher les
amas & les ordures qu'il est capable de produire dans le ventricule, ces purgations doivent
estre ajustées au temperamment,
aux forces & à l'âge du malade,
comme aussi à la saison. Les
gens qui font beaucoup de bile,
sont obligés de se purger plus
souvent que les autres ; & les
pillules faites avec la Rhubarbe
ou son extrait leur sont fort convenables, la dose est de vingt à
trente grains qu'on prend tous
les deux ou trois jours, on la met
aussi en poudre pour la mesler
avec quelque marmelade, & cette maniere semble plus aisée à

certaines personnes qui ne peuvent avaler, d'autres la mâchent sans aucune peine, ainsi chacun a sa methode.

L'usage de cette Rhubarbe, lors qu'elle est bien choisie, est tres propre pour faire reüssir le Lait ; mais il ne faut pas croire que cela soit suffisant pour s'empêcher de prendre d'autres medecines, estant necessaire de se purger plus fortement cinq ou six fois l'année, & davantage s'il est besoin, car cela dépend de la plenitude où l'on se trouve, on prend le temps au decours de la Lune quand nostre santé peut l'attendre. Et il est à propos de ne pas se servir de Casse ny de Tamarins, à cause que l'un est acide de soy & l'autre facile à s'aigrir ; il vaut mieux prendre autre chose qui convienne avec le Lait, comme le Senné, la Manne, les Syrops de cichorée composés de fleurs de pescher & autres.

Bien que nous ayons l'estomach tres-bon ou bien remis par les soins que nous avons eu de le rétablir, quelque robuste qu'il puisse estre ; il avient aprés avoir usé quelque temps du Lait, que nous sentons des aigreurs incommodes à la bouche, par une superfluité d'acides qui se mettent en mouvement avec les Alkalys, & qui font divers desordres, comme j'en parleray dans un autre endroit, à cela on oppose des Remedes tels que sont les Perles preparées, les Coraux, le Magistere des yeux d'Ecrevisses, la poudre de Vipe-

res , & autres semblables pour
rompre les pointes de ces Acides
qui produisent ces aigreurs &
qui empeschent le Lait de profiter comme il faisoit avant cette fermentation.

CHAPITRE X.

Des temps qu'on doit quitter le
Lait , & le reprendre.

C'Est une regle generale qu'il
faut quitter le Lait si tost
qu'on s'apperçoit d'avoir la fiévre , parce que sa grande chaleur n'auroit pas de peine à corrompre cét aliment , lequel se
convertissant en pourriture , ne
serviroit que d'acroissement au
levain qui l'entretient , & la fait
subsister.　　　　　　　　　　Il

Il est aisé de concevoir par cette observation, qu'il n'est pas aussi à propos de le continuer, lorsque nous nous trouvons trop échauffés, ou dans un estat de tomber dans cette indisposition. Il vaut mieux en cesser l'usage pour se mettre à celuy des boüillons, de panades legeres, œufs frais, gelées, jus de Veau ; & autres alimens de facile digestion, afin de se procurer cette temperature tant desirable, & la situation la plus heureuse que nous puissions souhaitter.

Lorsque le Lait ne se digere pas comme il est necessaire, ce qui se reconnoît par les dejections, les pesanteurs, & les oppressions de l'estomac, par des rapports fâcheux à la bouche, des maux de teste, & quelque-

fois par le dévoyement, ce seroit en abuser que de s'opiniâtrer d'en prendre, car toutes
ces chofes ne procedent que
d'un mauvais ferment, qui eſt
en nous, avec lequel il ne peut
fympatifer, & qu'il faut appaifer
devant que de fonger à s'y remettre.

Ces accidens eſtant plus ou
moins infuportables, on en diminuë la quantité, ou on le
quitte abfolument, & lorfqu'il
s'en eſt fait quelques amas de
corrompu, on doit eſtre perfuadé qu'il fubfiſte jufques à ce
qu'on en foit pleinement net-
toyé, & particulierement pendant la fiévre, dont le mouvement continuë mefme quelquefois aſſés long temps, aprés
avoir eſté vuidés par l'impreſ-

sion de la chaleur qu'elle a laissé
à toutes les parties , & dont il
reste un ferment qu'on est obligé de fixer par des febrifuges ,
& sur tout le Quinquina, comme
l'experience nous l'a fait connoître plus particulierement depuis quelques années , mais il
n'en est pas tout à fait de mesme des autres , & lorsqu'ils ne
sont pas accompagnés de fiévre,
on peut essayer en retranchant
de la portion qu'on a coûtume
de prendre , user quelques jours
des Remedes dont j'ay déja parlé pour de semblables occasions , comme les Magisteres de
Perles, de Coraux, le Diapho-
retique mineral nouveau fait , &
autres alkalys fixes , qui sont
capables d'arrester l'effervescen-
ce de l'humeur d'où proviennent

H ij

tous ces defordres : que s'ils ne
ceffoient pas aprés avoir pratiqué de ces medicamens , on aura recours aux faignées , & aux
purgations , afin que diminuant
la plenitude des vaiffeaux & des
humeurs , ils puiffent agir en-
fuitte de cette preparation avec
plus de fuccés & d'efficace.

Supposé qu'aprés cette maniere d'agir , toutes ces incommodités foient difparuës, il n'eft
pas toûjours plus avantageux de
fe remettre immediatement à
reprendre du Lait , il eft plus à
propos de vivre quelque temps
moderement des alimens ordinaires , à moins qu'on ne foit
dans un eftat où ils nous foient
tout à faït contraires , comme
cela peut eftre en diverfes maladies qui affoibliffent tellement

la faculté digeſtive , qu'à peine
l'eſtomac peut ſouffrir la moin-
dre choſe de ſolide , mais lorſqu'on s'apperçoit que la diſtri-
bution s'en fait bien , le Lait
n'en profite que mieux aprés les
avoir pris , pourvû qu'on ait ſoin
comme il eſt preſcrit cy-devant
dans le chapitre des précautions,
de ſe bien nettoyer le ventricule
par des Medecines proportion-
nées au temperament de la perſonne, laquelle en doit reprendre
l'uſage.

Je dis plus, comme toutes choſes ont leur periode , il y a des
gens auſquels le Lait ne fait du
bien qu'un certain eſpace de
temps , & lorſqu'on s'en apperçoit , il ne faut pas attendre que
ſes bons effets finiſſent entierement pour le quitter , car dans

cette occasion on ne peut que bien faire de se purger pour se mettre à un autre regime de vie pendant deux ou trois mois , à la fin desquels on peut le reprendre , mesme avec plus de succés, & cette maxime convient assés pour quelques goutteux lesquels sont necessités de ne vivre que de Lait , ou d'autres qui ne peuvent subsister que par ce moyen, comme il s'observe dans les maladies de poitrine.

Je croy qu'il n'est pas besoin de recommander à ces personnes-là qu'il est toûjours plus à propos de le reprendre dans une belle saison , & dans laquelle les pasturages sont meilleurs que dans une autre, principalement lorsqu'il dépend de nostre choix de le faire, c'est pourquoy je ne m'étendray pas davantage sur ce sujet, croyant m'en estre assés expliqué ailleurs , comme aussi sur tout ce qui concerne son usage : & voicy quelque énumeration des maladies pour lesquelles on le peut donner.

CHAPITRE XI.

Des Maladies ausquelles le Lait convient, & pourquoy il leur est propre.

PArlant de la difference des Laits , de leurs qualités & de leurs substances , j'ay déja dit beaucoup de choses de leurs vertus , mais ne m'étant pas étendu autant qu'on le pourroit desirer sur toutes les maladies

aufquelles le Lait convient particulierement , j'ay creu que je
pouvois dire ce que j'en connois,
& y faire des reflexions qui pour-
ront donner des éclairciffemens
à ceux qui ne font pas capables
d'en faire , pour en ufer avec
plus de certitude , & leur faire
voir qu'il n'y a point d'experience qui ne foit appuyée de quelque raifon , fpecialement lorfqu'elle eft pratiquée par ceux
qui ont quelque lumiere de la
Medecine. Elle fe rectifie felon
les occafions pour les perfectionner autant qu'on le peut faire ,
ce n'eft pas que je fois perfuadé
d'apprendre aux fçavans qui font
profeffion de guerir les malades,
que le Lait s'employe heureufe-
ment pour les catharres & les
fluxions qui procedent d'une in-

temperie

temperie chaude , pour l'ophtal-
mie & le mal des yeux, quelquefois interieurement comme exterieurement , il est bon dans les
inflammations du gozier & de
la luette , je croy aussi que bien
du monde n'ignore pas que c'est
un remede admirable pour certaines maladies de la poitrine,
comme nous le dirons cy aprés,
que l'estomac affoibly & devoyé
par certains corpuscules errans
& émancipés en reçoit du soula-
gement, que les flux de ventre
bilieux , pituiteux & dyssenteriques , dans leur plus forte opi-
niâtreté en sont gueris , qu'il
arreste l'écoulement des vieilles
gonorées , & modere celuy des
fleurs blanches , que ceux qui
sont affligés du mal de Naples,
& hors d'estat de supporter les

grands Remedes qui le gueriffent, recoivent un grand fecours de fon ufage qui leur redonne des forces. La plufpart des accidens qui viennent de la corruption du fang, comme la galle, les Erefipeles, & autres, cedent à la douceur de fes effets, les inflammations & les brulures ne les reffentent pas moins, il triomphe de la goutte la plus rigoureufe, & les fievres lentes, l'hydropifie, & tout ce qui altere les parties nobles, par une intemperie feiche & brulante ne fe peuvent guerir que par le Lait, il convient auffi aux Rhumatifmes, & à beaucoup d'autres inconveniens particuliers ; mais il me femble qu'en voilà fuffifamment pour ne pas luy refufer les loüanges qui luy font deuës, &

que ce n'est pas sans raison qu'on
l'a nommé un aliment parfait,
puisqu'il remet nos corps dans
leur premiere temperature, par
un chyle doux & bien conditionné, au lieu de trop de sels
acides ou alkalys que les autres
fournissent, & qui se volatilisant
s'insinuënt dans la masse du sang,
& luy causent un mouvement ex-
cessif, qui l'échauffe & font ces
intemperies lesquelles sont les
premiers fondemens de toutes
les maladies, ayant leurs degrés
comme les autres choses qui
produisent les maux plus ou
moins dangereux, de maniere
que nostre humide radical
estant entierement absorbé, il
faut finir nos jours quelque remede qu'on puisse faire, mais
lorsqu'on prévient cette dernie-

re extremité , en nous rendant le Lait familier , & n'abufant pas de fa bonne nourriture , il eft conftant que nous allongeons noftre courfe , avec plus de tranquilité , & plus de joye , l'efprit partageant les miferes du corps, lequel eft agité par les douleurs qu'il fouffre , & rien n'eft plaifant à nos yeux , lorfque nous traifnons une vie languiffante , & obfedée de fâcheufes incommodités , le chagrin s'empare de nous , la fureur nous domine , l'inquietude ne nous abandonne point , & les meilleurs de nos amis nous font quelquefois infuportables.

Quelle obligation ne doit-on point avoir à un remede qui bannit de nous tous ces deffauts? mais quelle obligation, disje,

n'avons-nous pas au Lait, d'a-
voir retably la santé d'un grand
Prince, & qui l'a remis encore
en estat d'avoir deffendu sa pa-
trie, & de signaler sa valeur &
son merite, connu à tout l'Uni-
vers ? En verité je croy qu'on ne
peut dire trop de bien du Lait,
& si j'avois assés d'étenduë d'esprit, je me plairois fort d'am-
plifier sur cette matiere, mais
la crainte que j'aurois d'ennuyer
& de n'y pas reüssir, me fait
passer aux Réflexions que j'ay
promis de faire, sur les effets
qu'il produit à l'égard des maladies que je viens de citer dans
ce Chapitre.

CHAPITRE XII.

Des Reflexions qu'on peut faire sur les maladies dont on a parlé cy-devant.

PREMIERE REFLEXION.

LA plufpart des maladies excepté celles qui font cau-fées par les chûtes & par les coups, fe rapportent à des intemperies chaudes, & froides, ou fi l'on veut s'expliquer phifi-quement, font causées par des fels alkalys & lexiviels, lefquels eftant dés-unis d'avec leurs acides par des fermentations, dé-concertent le corps humain, & produifent des indifpofitions qui l'alterent & le consument.

Car lorsque les sels acides abondent, ils cherchent à briser & diviser les corpuscules des autres sels, & causent par ce mouvement extraordinaire & precipité, des inflammations aux parties les plus foibles, ce qui oblige le courant de la Medecine, à faire faire de frequentes saignées pour les éviter, car à mesure qu'on diminuë la matiere, on diminuë aussi la force du mouvement, cependant on se sert heureusement du Lait aprés avoir pratiqué les Remedes generaux dans semblables occasions, fut qu'il soit pris pour la nourriture du malade, ou qu'il soit appliqué sur les yeux, lorsqu'ils sont atteints de fluxions & chaleur immoderée, on le mesle en forme de cataplasme, que bien des gens sçavent pratiquer, c'est pourquoy je ne parleray point d'une multiplicité de Remedes qui sont en usage, destinés à plusieurs maladies, il suffira de dire que le Lait est doux, temperant, & rafraîchissant, & que par ses facultés il appaise les plus grandes chaleurs, lesquelles estant cessées les douleurs subsistent peu, & cela se peut dire de toutes les autres qui procedent de la mesme cause.

Il ne faut pas s'étonner si les Nourrices en arosent les yeux de leurs enfans lorsqu'ils y ont de la rougeur, estant la chose la plus convenable, & la moins dangeureuse dans un âge si tendre, & si peu avancé, elles se servent de celuy de leurs mamelles parce qu'il est le meilleur à cét égard.

Les Merles & les Oyseaux de nuit, si nous devons en croire plusieurs personnes qui l'affirment, nous ont fait connoître qu'il estoit bon à cét usage, car lorsqu'ils ont mal aux yeux & qu'ils ne voient presque plus, ils se retirent dans les Bergeries pour tetter les Chevres qu'ils tarissent, & trouvent par ce moyen leur guerison.

Mais quelques-uns pourroient demander ce que peut faire le Lait sur les sels dont je viens de parler, & pourquoy ne pas se servir des termes ordinaires ? Je répons à cela, que suivant les maximes des Anciens, je pourrois peut-estre me faire mieux entendre à certaines personnes,

mais il n'est pas deffendu de se
servir d'expreſſions moins emba-
raſſantes, lorſqu'on ne s'éloigne
pas des veritables principes,
comme le ſont ceux-là, puiſque
tout s'y reduit dans la diſſolu-
tion des mixtes, j'entends parler des principes actifs, laiſſant
à part le flegme & la Terre,
qui leur ſert de matrice, car à
dire vray, tout noſtre corps n'eſt
qu'un aſſemblage de ſels, & il
eſt probable que toutes les in-
diſpoſitions que nous reſſentons,
ne viennent que par la décompo-
ſition de ces alkalys & acides,
comme il eſt facile de concevoir
pour peu d'application qu'on
veüille ſe donner, & ſi le Lait fait
quelque choſe à leur égard,
c'eſt qu'il rompt par ſa ſubſtan-
ce graiſeuſe les pointes de ces

acides, les adouciſſant de maniere qu'il en diminuë l'agitation, & par ſon frequent uſage, il les remet inſenſiblement
dans leur arangement neceſſaire, pour nous faire joüir d'un
eſtat plus temperé.

SECONDE REFLEXION.

POur ſuivre l'ordre des maladies dont je viens de parler, je n'ignore pas ce que pluſieurs perſonnes ont coûtume de
dire, ſur la cauſe des catharres
& des fluxions, qu'ils procedent
ordinairement d'une chaleur
d'entrailles, qui fume inceſſa-
ment à la teſte, & qui corrompt
la maſſe du ſang, & faiſant ob-
ſtruction empeſche la diſtribu-
tion des alimens, ce ſujet eſt aſ-

fés vaste pour donner occasion à
de grands discours qui remplis-
sent l'esprit de beaucoup de choses , & qui peuvent en peu de
paroles se rapporter à ce que les
cathares & les fluxions sont
causées par des intemperies qu'on
peut attribuer au déconcertement des sels & de leur dés-
union , à quoy le Lait remedie
par opposition à l'estat où se
trouve alors nostre constitution,
changeant le caractere des humeurs , qui circulent avec le
sang où dominent les alkalys, &
adoucissant leur acrimonie , il
fait cesser ce desordre.

TROISIE'ME REFLEXION.

LEs inflammations du gozier & de la luette ne se font aussi que par le déconcertement des deux principes que j'ay établis, car ces deux sels estant dans un mouvement dereglé, il s'en éleve des corpuscules lesquels picottent ces parties, & y faisant douleur y portent l'inflammation, laquelle se modere par l'usage du Lait en gargarisme qui rompt la pointe de l'acide qui s'y attache, je sçay bien qu'on pourra m'objecter que souvent ces sortes de maux se passent insensiblement sans y faire aucun remede, ce que je ne dénie pas, mais c'est lorsque la fermentation & l'agitation est petite , & qu'elle n'eſt pas excitée par un mouvement conſiderable cauſé par leurs qualités plus ou moins fortes, c'eſt à dire ſuivant les degrés de leur eſſence: car un grand feu aura bien plûtoſt conſumé ce que vous y jetterés pour le faire brûler, qu'un petit qui s'eſteint plus aiſément, ſoit que cela ſe faſſe de ſoy-même, n'ayant pas en ſoy les moyens de ſe ſoûtenir plus long-temps. Il faut donc auſſi ſe figurer qu'il en eſt de même des ſels qui ſont les principes de tout ce qu'il y a dans la nature, & qui font même l'accroiſſement ou la diminution de toutes choſes lors qu'ils défaillent, car il y en a d'une infinité de manieres & de figures.

QUATRIE'ME REFLEXION.

LE Lait est bon aux mala-
dies de Poitrine & des
Poulmons, je ne veux pas dire
de celles qui sont suivies de fié-
vres violentes & continuës, comme la Pleuresie, la Peripneumo-
nie ou l'Inflammation des Poulmons, lesquelles sont accompagnées d'abcés ou d'aposte-
mes, dans la capacité de ces
parties, bien qu'aprés leur guerison toûjours fort incertaine ou
la diminution de leurs accidens,
il n'y ait rien meilleur que le Lait
d'Anesse pour rétablir les malades qui en ont souffert, parce
qu'ayant un suc doux & crémeux,
il les rafraîchit & les humecte
en les nourrissant, & il émousse

la pointe des acides superflus,
lesquels empêchent que les autres alimens ne profitent, parce
qu'ils en augmentent la quantité, non seulement par le défaut
de la digestion : car l'estomac
n'accomplissant pas ses fonctions,
comme il est ordinaire en ces
rencontres ; il s'ensuit une corruption qui dépend d'un acide
errant, lequel cherche à se ni-
cher dans les alkalys, s'il m'est
permis de mettre ce terme en
usage, & cause une fermentation excessive dans l'économie
du corps : c'est pourquoy les Medecins ordonnent le Lait pour la
nourriture des phtisiques, aprés
estre convenus des précautions
necessaires qui l'empêchent de
s'aigrir, & pour en prevenir s'il
se peut tous les inconveniens.

L'ex-

L'experience nous a fait voir
assés de fois que la toux la plus
fâcheuse, à moins qu'elle ne soit
seiche avec fiévre , crachement
de sang & autres signes mortels,
se guerit par le Lait ; & si l'on
en considere les causes , il sera
aisé de concevoir de quelle maniere cela se fait , soit qu'elle
procede de froid ou de chaleur
pour ne pas s'arrester aux exte-
rieures telles que la fumée , la
poussiere & autres qui en respi-
rant irritent l'artere vocale : car
les rhumes & les catharres lesquels tombent sur la poitrine,
n'estant qu'une infiltration d'une
humeur pleine de corpuscules
acides descendant du cerveau
sur la trachée artere, se peuvent
fort bien rapporter à la desunion des sels dont nous sommes

K

composés qui faisant une intemperie font boüilloner les humeurs demesurement, & dans leur circulation leurs plus subtiles parties s'échapent sur la membrane qui l'entoure & la conjoint interieurement : je sçay bien que des vers & quelque vapeur saline s'élevant du ventricule peut aussi exciter la toux , mais qui n'est pas considerable, c'est pourquoy le Lait en tuant la trop grande quantité d'acides qui sont les agens de fermentation fait cesser tous ces accidens. Et il est à remarquer que les autres maladies de la poitrine succedent bien souvent à la toux ; je laisse là-dessus à penser l'interest qu'on a de s'en défaire lors qu'on en est attaqué.

CINQUIE'ME REFLEXION.

L'Eftomac eft fujet à plufieurs maladies, lefquelles
ne procedent generalement parlant que des intemperies, dont
naiffent une foif inextinguible,
une foibleffe, des envies de vomir, des maux de cœur qu'on
appelle cardialegie ou inflammation, le dégouft & l'appetit
defordonné qui paffe jufques à
la faim canine, font encore des
vices de l'eftomac auffi bien que
le coleramorbus & le hoquet,
eftant perfuadé que ces chofes
ne fe font que par la defunion
de l'acide & de l'alkaly, on peut
croire que le Lait eft tres propre pour y remedier par les
raifons que j'ay déja alleguées;

K ij

& pour les confirmer en cette
occasion, il ne faut qu'observer
ce que nous voyons par la sei-
cherésse qui paroist à langue, par
laquelle l'intemperie chaude &
seiche se connoist, & dont l'ex-
tenuation du corps, la déprava-
tion du goust, de l'odorat, & de
l'appetit en sont des simptomes :
on peut donc dire que cela ne
procede que de la trop grande
quantité des alkalis qui ont esté
enlevés sur cette partie par des
acides volatiles, lesquels faisant
obstruction empêchent les petits
nerfs de la langue de faire leur
fonction ordinaire par la com-
munication des esprits ; le vo-
missement ne nous fait pas moins
connoistre les effets d'un excés
d'acides, qui se rencontrent
avec un humeur bilieuse ou me-

lancolique, dont l'estomac se trouve occupé, lesquels venant à se fermenter extraordinairement nous envoyent des raports aigres & picotant les tuniques & les fibres du ventricule nous suscitent des envies de vomir qui sont la pluspart du temps precedées par ces langueurs & ces foiblesses : car l'on peut soûtenir que tous ces desordres ne sont causés que par le déconcertement de l'acide & de l'alkaly.

Sixie'me Reflexion.

LOrs que j'ay dit que les flux de ventre, bilieux, pituiteux & dyssenteriques s'apaisoient par l'usage du Lait ; il ne faut pas s'imaginer que ma pensée fust qu'on en prit brusquement

quand on est attaqué de ces maladies, lesquelles estant accompagnées de fiévre nous le défen-
dent plûtost que de l'approuver;
je ne croy pas aussi en devoir
faire la difference des especes
aprés la quantité des Auteurs
qui en ont écrit tres doctement,
il me suffit de sçavoir que leurs
causes naissent de l'imbecilité
des parties qui servent à la digestion, affoiblies par les trop
grandes fermentations de l'acide
& de l'alkaly : ces choses estant
connuës, il est aisé de se persua-
der que le Lait & particulierement celuy de Chevre est un tres
grand remede à ces incommo-
ditez lors qu'il s'est passé plusieurs évacuations, dont la cessa-
tion dans le commencement de
ces indispositions produiroit de

tres - fâcheux accidens , parce qu'il eft dangereux d'arrefter le cours des humeurs corrompuës que l'acide precipite & met en mouvement , c'eft pourquoy on purge ces malades comme une chofe tres neceffaire à leur guerifon ; mais comme la purgation n'entraine avec foy que ce qui eft dans les voyes de fortir , & qu'elle n'arrefte pas abfolument l'impetuofité des fermens qui ne s'adouciffent que par un regime de vie temperé , le Lait en ces occafions fe trouve aliment & medicament, & rompt la pointe des acides fuperflus qui faifoient tous ces embaras dans l'écono-mie du corps.

SEPTIE'ME REFLEXION.

C'Est une chose commune que de voir jetter des vers par la bouche, par le nés & par le siege, quelques-uns se sont persuadés qu'ils s'engendroient dans l'estomac ; mais l'opinion la mieux receuë est qu'il naissent d'un chyle mal conditionné dans les intestins, lequel a pris le commencement de sa corruption dans le ventricule, & j'en ay vû une tres grande quantité dans six poilettes de sang qu'on tira en deux fois à un homme qui avoit la siévre ; il est même constant qu'il se fait une matiere vermineuse dans nos corps qui produit des effets semblables à ceux des vers, & que tout cela

procede

procede d'une putrefaction quelquefois causée par le vice de la
conformation des parties, ou
par l'imperfection des digestions
& des fermentations qui se font
dans nos corps, nos Anciens se
servoient du Lait contre les vers.
Et il est arrivé de nos jours à un
Comedien de l'Hostel de Bour-
gogne, qu'on nommoit Mon-
sieur Monsleury, extraordinairement affligé d'un mal de teste,
lequel ayant beaucoup souffert
pendant deux ou trois ans, &
pratiqué tout ce que la Medecine
a coûtume de faire en ces occasions, fut attaqué d'un Rhume,
pour lequel un de ses amis luy en-
seigna de prendre un boüillon
de Lait, le hazard voulut qu'on
le luy apporta trop chaud, &
comme il fut assés long-temps à

L

ſouffler deſſus pour le rafraîchir,
il ſentit quelque choſe à ſes na-
rines qui l'importunoit, & y portant les doigts il en tira un ver
d'une fort grande longueur , &
par ce moyen il ſe trouva deli-
vré de ſon indiſpoſition. Ayant
paſſé quelques années avec tranquilité , la même maladie re-
commença à le tourmenter , &
perſuadé qu'il eſtoit que le Lait,
eſtoit l'ayman de cet animal , il
s'en fit apporter encore, qu'il ap-
procha prés de ſon nés & en tira
encore un autre ver , mais il n'é-
toit pas ſi grand que le premier,
& depuis il n'a receu aucunes de
ces incommodités : on n'ignore
pas que le Lait cliſteriſé ſans nulle
adition attire cette vermine , lors
qu'elle eſt contenuë dans les bo-
yaux inferieurs ; mais il eſt que-

ftion de fçavoir par quelles raifons ces Phénomenes nous pa-
roiffent. Il faut fe reffouvenir que
j'ay dit qu'il y avoit une tres-
grande quantité d'acides & d'alkalis , & même de differentes
figures ; il faut auffi comprendre qu'il fe fait diverfes fermentations dans nos corps , fuivant
plus ou moins que les acides qui
font en nous ont de vigueur &
de force , que c'eft eux qui exal-
tent le fang , les efprits , & ce
que nous appellons humeurs ; &
que cet acide n'eft pas tellement
determiné pour faire toutes ces
actions, qu'il ne peche bien fouvent dans le mouvement propor-
tionné qu'il devroit donner à toutes ces chofes , & laiffant fon
œuvre imparfaite il erre faute de
trouver des alkalys convenables

L ij

à ses pointes : cela estant nostre machine en est déconcertée, & par sa foiblesse & son incapacité il donne lieu à une pourriture dont s'éleve ces animaux, lesquels en estant beaucoup chargés cherchent des alkalys tels que ceux du Lait qu'ils suivent, de maniere que nous le voyons par les experiences que je viens de citer, & lesquelles ne sont pas les seules venuës à ma connoissance, mais le recit en seroit trop long.

HUITIE'ME REFLEXION.

LEs hemoroïdes n'estant autre chose qu'une dilatation des veines qui sont au siege nous fait assés connoistre qu'elle ne procede que d'une fermentation extraordinaire du sang qui est chargé de trop d'acides, lequel estant poussé par les esprits dans ces vaisseaux avec une violence non accoûtumée, cause de la douleur & de l'inflammation, c'est pourquoy tout ce qui adoucit, tempere & rafraîchit, soulage & termine cette maladie: C'est par ces raisons que le Lait y est recommandable, puis qu'il contient en soy toutes ces facultés, & affoiblissant cet acide par son alkaly, il en devient le maistre par l'usage qu'on en peut faire pour sa nourriture, & appliqué exterieurement comme beaucoup de gens l'ont éprouvé avec un heureux succés.

NEUVIE'ME REFLEXION.

LE Lait a esté autrefois donné par nos Anciens pour la go-norhée, & mesme quelques-uns disent l'avoir guerie avec le seul Lait d'Anesse pris à jeun avec du sucre rosat, & comme cette maladie s'acquiert par une in-temperie qui est ordinairement communiquée par la conjonction des deux sexes, dont l'un est cor-rompu par ses excés & ses dé-bauches ; on peut croire que le Lait temperant l'ardeur qui est en nous, & corrigeant le trop grand mouvement de l'acide ses corpuscules revenant à leurs ar-rangemens naturels, & les fer-mens cessant leur impetuosité, le malade se sent peu à peu de-

livré de cette sale maladie , au
lieu que persistant dans son regime ordinaire , il les entretient
dans une perpetuelle dissolution
& dans une mes-intelligence ,
ce qui fait que les debordés &
les imprudens n'en guerissent pas
si-tost que les autres & quelquefois rarement.

DIXIE'ME REFLEXION.

LEs Femmes luxurieuses &
celles qui ont eu beaucoup
d'enfans, sont fort sujetes d'a-
voir un certain flux de matrice
fort incommode & fort sale,
qu'elles appellent fleurs blanches pour adoucir le terme ; il
en est de differentes manieres,
les uns sereux & pituiteux, les
autres bilieux & atrabilaires, &

L iiij

la plufpart procedent d'une intemperie caufée par le mouvement immodefte que le coît donne aux parties, qui bien fouvent
eft accompagnée d'une vie lafci-
ve & defordonnée : c'eft pourquoy la plufpart des remedes
n'y font rien , & fur tout lors
que cet écoulement a pris certain empire , mais fi dans fon
commencement on ufe du Lait
qui rafraîchit le fang & corrige
fa trop grande fermentation ; il
peut y eftre utile , comme il a
efté experimenté fur divers fu-
jets, par les mefmes raifons que
j'ay déja repetées cy-devant.

ONZIE'ME REFLEXION.

LOrs que j'ay dit que le Lait
eftoit bon pour ceux qui

avoient cette infame maladie,
que quelques-uns appellent le
mal de Naples ; il ne faut pas
croire que je me represente qu'il
puisse la guerir radicalement, &
sans autre secours ; mais qu'il est
tres-utile à quelques personnes
atteintes de ce mal contagieux,
lors qu'elles sont extrémement
extenuées & abatuës, soit par la
foiblesse de leur constitution, ou
pour l'avoir negligé fort long-
temps, car ces deux choses les
rendent souvent incapables de
supporter les remedes qu'on met
en usage pour les guerir ; & pour
les disposer à les souffrir, on
doit corriger cette intemperie
par un regime de vivre humec-
tant & rafraîchissant pour leur
redonner des forces par des alimens exempts d'une fermenta-

tion confiderable, c'eft pourquoy le Lait leur eft tres avantageux en cette occafion aprés avoir rafraîchy & preparé leur corps, & l'avoir purgé des humeurs les plus craffes & les plus vicieufes; je fuis perfuadé par les experiences que j'en ay vû que cette methode diminuë leurs douleurs nocturnes, leurs grandes infomnies & tous les autres accidens qui font à la fuite de cette pernicieufe maladie. Il eft mefme de la prudence de ceux qui les traitent, d'avoir tellement égard à ces circonftances, qu'il eft plus feur de les guerir en plufieurs fois que de leur faire tout d'une fuite les chofes qu'on pratique aux autres ; & bien qu'on foit perfuadé de les avoir mis en eftat de ne plus rien craindre, on ne peut manquer de les remettre au Lait pour donner au corps une nourriture nouvelle & humectante, laquelle luy est necessaire en cette occasion ; cela est encore une confirmation pour nos principes, & qu'il ne se fait point d'intemperie que par la desunion de l'acide & de l'alkaly.

Douzie'me Reflexion.

JE ne m'estonne pas que Paracelse ait appellé la goute l'opprobre des Medecins , puis que les Auteurs ont des sentimens si differens sur son origine ; j'éviteray de les rapporter pour abreger mon discours , je diray seulement ce que je pense sur ce sujet , & l'appuiray par l'experience & les observations qu'on

a pû y faire, eſtant ce me ſemble le plus ſeur chemin pour
connoiſtre la verité. Je laiſſeray
auſſi ſous ſilence la plus grande
partie des choſes dont on a coûtume de ſe ſervir dans ſon paro-
xiſme, bien que je puiſſe en tirer de l'avantage pour autoriſer
mon opinion : car je comprens
que la goute n'eſt autre choſe
qu'une humeur ſereuſe fort rem-
plie d'acides, laquelle s'échape
particulierement ſur les articles,
lors que le ſang vient à s'exalter
par une fermentation extraordinaire, & par laquelle il eſt de-
baraſſé d'une ſuperfluité de ſe-
roſités, l'uſage du Lait lequel eſt
le plus ſeur remede à cette in-
commodité, en eſt la preuve con-
vaincante ; j'avoüe qu'il y en a
d'autres qui ſoulagent pour un

peu de temps, mais celuy-cy
fait plus, puisque liant l'acide par
ses parties douces & onctueuses,
il le prive de sa grande action,
& l'empesche de faire de nouvel-
les effervescences, au moins auf-
si violentes qu'elles estoient,
estant vray que tous les alimens
qui fermentent baucoup, sont
tres-contraires aux goutteux,
aussi bien que tout ce qui volati-
lise les esprits. Nous voyons mesme à l'égard des Remedes exte-
rieurs, que les plus doux reüf-
fissent mieux que les autres, &
appaisent plus promptement les
douleurs, c'est pourquoy les
cataplasmes faits avec le Lait
& la mie de pain, y sont tres-
propres, & ce qui procure
une facile transpiration, produit toûjours un bon effet,

car il se fait diversesfer-
mentations dans nos corps ,
comme nous l'appercevons en
cette occasion , lorsque nous sentons des mouvemens & des pul-
sations incommodes dans la partie affligée , qui ne finissent point
que par l'exudation de cét acide , ou jusques à ce qu'il ait
trouvé suffisament des alkalys
pour se conjoindre avec eux , ce
qui me confirme dans ce que
j'ay avancé cy-dessus , que ces
fluxions arthritiques naissoient
de là dés union de l'acide & de
l'alkaly , lesquelles procedent
d'une intemperie , car c'est ainsi
qu'on definit la goutte , & lorsque la negligence ou l'ignorance
de ceux qui souffrent ce mal, ne
cherchent pas les moyens de la
faire transpirer , la fermentation

estant cessée, il reste souvent une
matiere qui ressemble à du plâtre ou à de la craye dans les join-
tures, laquelle forme des nœuds
qui ne sont à proprement parler,
qu'un coagulum tel que nous le
voyons resulter dans nos operations Chymiques , par le sel de
Tartre liquefié , & l'huile de Vi-
triol , & ces difformités ne s'ef-
facent que par un long regime
avec l'usage du Lait , ou que ces
nœuds ne viennent à suppuration,
comme il arrive quelquefois.

TREZIE'ME REFLEXION.

L'Humeur du Rhumatisme
approchant fort de celle de
la goutte, excepté qu'elle court
& voltige en plus d'endroits,
s'appaise aussi par l'usage du

Lait, & par les sueurs, mais cela s'entend aprés avoir fait les Remedes generaux ; j'en ay vû beaucoup qui n'ont finy que par ces deux moyens, & aprés s'e-stre servy de quantité d'autres Remedes, celuy-cy pour oster promptement les douleurs, & le Lait pour corriger les fermens, & empescher le retour de leur méchant effet, cela se fait par les mesmes raisons que j'ay al-leguées en parlant de la goutte, & lorsque le Rhumatisme se can-tonne dans quelque jointure, comme il fait bien souvent, il est appellé goutteux.

QIAT.

Quatorzie'me Reflexion.

ON compte de quatre espe-
ces de galles, lesquelles se
font par un meslange de liqueurs
salines, lesquelles ne pouvant
que difficilement transpirer par
la grossiereté de leur substance,
s'attachent à la superficie de la
peau, & y causent de la deman-
geaison & de l'inflammation, dont
il se fait des pustules telles que
nous nous en appercevons, lorsque nous en sommes atteints,
tout cela se fait par la trop grande fermentation du sang, qui
s'augmente souvent par des regi-
mes de vivre fort échauffans, &
pour manger trop souvent des
chairs sallées, & des ragoûts
trop pleins de jus & trop épicés,

M.

cela fuppofé comme il eft probable , il ne faut pas avoir de
peine à concevoir que l'ufage du
Lait qui rafraîchit & nourrit
toutes les parties du corps , par
un fuc doux & temperé , change & adoucit les fermens qui
faifoient ce defordre.

Je fçay bien que les gens qui
fe plaifent à contredire, ne man-
queront pas de m'objecter que
cette maladie fe communique
par l'attouchement , & mefme à
coucher dans des draps où des
galeux auront dormy , auffi bien
que par la mal-propreté & par
la pauvreté , & confequemment
ce ne pourroit pas eftre les raifons
que je viens d'alleguer. Mais ils
cefferont leurs difputes, lorfqu'ils
feront reflexion, que ces fortes
de galles n'ont aucune fuitte ,

quand on a recours de bonne
heure aux Remedes , & qu'il
faut mefme qu'elle foit d'un degré de malignité & d'érofion
tres-grande , ou qu'on foit dans
une tres-grande difpofition à recevoir du mal , que les corpuf-
cules de cette humeur s'eftant
attachés comme ils font , au lin-
ge fale , aux vieux meubles , &
autres chofes femblables , pene-
trent jufques à la maffe du fang
par les pores des fibres & des
venules dont les chairs font ti f-
fuës , & c'eft ce qui fait qu'on
prend fouvent la gale , pour ma-
nier ce qu'un galeux aura fouvent
touché , mais de quelque façon
que le fang foit échauffé , il fe
corrompt facilement , & produit
beaucoup de maladies felon la
qualité des fermens qui font en

nous , c'eſt pourquoy l'Eryſipele
n'eſt qu'un effet d'un ſang trop
ſubtil & trop boüillonnant.

QUINZIE'ME REFLEXION.

TOut le monde ſçait qu'il n'y
a rien qui détruit, & con-
ſume les choſes comme le feu ,
& lorſqu'on eſt aſſés malheureux
d'en eſtre offenſé exterieurement , il eſt mal-aiſé d'en effa-
cer les marques , lorſqu'il a pe-
netré toutes les chairs ; la premiere choſe qu'on ſe propoſe
eſt d'empeſcher la grande inflammation qu'il porte à la partie qu'il a brulée , & d'en ap-
paiſer la douleur : c'eſt pourquoy on pratique en cela les Remedes les plus doux , afin d'a-
doucir l'acrimonie de l'acide que

le feu y a infiltrée, le Lait y est heureusement employé comme le premier de tous les medica- mens qui adoucissent, & la cau- se est que ses corpuscules sulphu- reux arrestant le mouvement des acides, diminuent les maux qu'ils font en cette occasion , & mes- me nos Anciens ajoûtoient avec le Lait de l'huile violat, car il est constant que le feu est fort plein d'acides , comme l'expe- rience nous le fait voir dans plu- sieurs calcinations où la matiere augmente de poids , à cause qu'il s'insinuë dans son alkaly, cela nous donne à connoître de la maniere que le Lait est pro- pre à la brûlure, dans les espe- ces duquel plusieurs choisissent celuy de femme , ou de Brebis à cét égard. Les Allemans ont coûtume de se servir pour les brûlures du sel commun, & de oudre à canon, comme d'un remede merveilleux, ce qui appuye encore ce raisonnement; il y en a d'autres qui n'usent pour cela que de l'Esprit de vin, lequel est composé de beaucoup desouffre, & je pourrois encore apporter une infinité d'autres exemples qui fortifiroient mon systeme.

Seizie'me Reflexion.

LE Lait à certains égards, se trouve bon pour l'Hydropisie, puisque cette indisposition, de quelque espece qu'elle soit, ne procede que d'une intemperie chaude; & les plus experts praticiens ont remarqué par

ticulierement à celle qu'on nomme Afcites , que le meilleur remede eftoit de s'empefcher de
boire , cela eftant, il n'y a rien
en toute la nature qui défalte-
re plus que le Lait , & qui puiffe
mieux rafraîchir , nourrir, & humecter les parties de noftre corps
que cét aliment, parce qu'il fuf-
pend & arrefte le mouvement
des trop grandes effervefcences
qui fe font en nous , & il tempere par ce moyen la grande chaleur qui nous devore en ces occafions,& qui nous excite à la foif,
au lieu que les autres liqueurs
faifant la diffolution des fels avec
lefquels il y a toûjours quelque
acide qui fe met en action , &
les autres nourritures qui en fourniffent en plus grande abondance , entretient cette maladie

dans son estat pernicieux, je n'entre point icy dans tout le détail
des Remedes particuliers que
plusieurs pratiquent pour l'Hydropisie, mais il est constant que
beaucoup de grands personnages
ont remarqué avant nous, &
mesme Saint Jerosme, que le
regime & la maniere de vivre
sobrement, estoit l'écüeil de
bien des maux, & l'on a vû bien
des gens qui vivoient tres-mal-
sains dans l'opulence, lesquels
ont recouvré leur santé estant ne-
cessiteux.

DIX-SEPTIE'ME REFLEXION.

Bien que j'aye dit cy-devant
qu'on doit supprimer le Lait
aux febricitans, on peut suivant
les grandes experiences que nous
en

en avons, le donner pour la fievre hectique que le vulgaire appelle fievre lente, & comme elle succede ordinairement aux fievres ardentes, qui par leur violente chaleur & leur durée, ont desseché les parties solides du corps, on a recours au Lait comme à un aliment medicamenteux, afin de les humecter & de les rafraîchir en leur donnant de la nourriture qui sont les veritables moyens pour les rétablir, car les Remedes generaux doivent estre retranchés en ces occasions, lesquels détruiroient plutost leur substance que de la conserver, & les fermentations estant mediocres en cét estat par la grande consomption qui s'est faite de tout ce qui compose nostre machine, le Lait, & particulie-

N

rement celuy d'Aneſſe ne court
pas hazard de ſe cailler & de ſe
corrompre, c'eſt pourquoy il eſt
merveilleux à tout ce qui nous
altere par une grande ſéche-
reſſe.

Veu l'Approbation du Doyen de
la Faculté de Medecine du 11.
du preſent mois, permis d'imprimer.
Fait ce 15. de Novembre 1683.

DE LA REYNIE.

TABLE

DES MATIERES,

du Traité de l'Usage du Lait.

TABLE

TABLE

Fin de la Table des Matieres.